결혼 해방 일지

결혼 해방일지

이림 지음

결혼 해방일지

초판 1쇄 인쇄 2023년 4월 14일
초판 1쇄 발행 2023년 4월 21일

지은이	이림
펴낸이	이도영
펴낸곳	이르비치
기획/편집	이도영
디자인	이재희

등록	2022년 1월 5일(제2022-000006호.)
주소	경기도 파주시 회동길 145 아시아출판문화정보센터 전시정보동 202호
전화	(010) 5904 1674
팩스	(031) 8056 9393
이메일	shinepub@naver.com
인스타그램	shinepub_dy

ISBN	979-11-982538-9-7(13330)

자신을 방치하지 말 것,
스스로를 돌볼 것.
이혼이 내게 준 가르침이 있다면 단 하나, 그거였다.

처음 '이혼'이라는 단어를 떠올렸을 때 온갖 궁금증이 생겼다. 사람들은 어떤 과정을 거쳐서 이혼하는 걸까, 협의는 뭐고 소송은 뭐지, 변호사 선임비는 얼마일까, 얼마나 걸릴까, 아이에겐 뭐라고 설명할까, 이혼하고도 잘 살 수 있을까, 후회하면 어쩌지, 남들 눈엔 어떻게 보일까….

검색창에 '이혼'을 입력해봤다. 나의 걱정과는 달리, 세상은 넓고 이혼 전문 변호사는 넘쳐났다. 몇몇 홈페이지를 들락거리며 필요한 정보를 낚아 올렸다. 이혼에 필요한 객관적인 정보와 서류들, 절차와 기간, 금액 등 이혼 실무(?)에 필요한 궁금증은 어느 정도 해결할 수 있었다. 하지만, 내가 진짜로 궁금했던 건 따로 있었다.

이혼 중인, 그리고 이혼한 사람들은 대체 어떤 마음으로 이 과정을 겪는 걸까? 소송하면 최소 2년은 걸린다던데 어떤 심정으로 그 시간을 견디는 건지, 아이도 점점 자랄 텐데 크고 작은 돌발 상황에 어떻게 대처해야 할지, 후회하진 않는지, 내가 미처 상상하지 못했던 이야기는 없는지 등. 이혼 중이거나 이혼한, 특히 아이와 함께 이 시간을 견딘 사람들의 '주관적인 찐 후기'가 절실히 필요했다. 하지만 아무리 찾아도 소송 과정과 함께 마음의 변화를 기록해놓은 글은 찾을 수 없었다.

그래서 내 이야기를 기록하기 시작했다. 훗날 아이가 "엄마는 아빠랑 왜 이혼했어?"라고 묻는다면, 차분히 답해주고도 싶었다. 잘 기억나지 않는다는 대답 같은 건, 너무 무책임하니까.

이 기록이 누군가에게 도움이 되었으면, 하는 마음도 있었다. 나처럼 인터넷에서 '이혼'을 검색하며 헤매는 이가 있다면, '아, 이런 과정이 펼쳐지는구나' 미리 상상해볼 수 있길 바랐다.

이혼이라는 미지의 세계로 들어서기 전, 마음의 준비 같은 걸 할 수 있다면 조금 덜 당황하거나 조금 더 당당해질 수 있을 것이기에, '내돈내산' 같은 찐 경험담, 그런 후기를 써두고 싶었다.

그럼에도 이 글을 적극적으로 알리고픈 마음은 없었다. 누군가에게 필요한 정보라고 한들, 지극히 사적인 이야기를 여기저기 까발리고 싶은 생각은 전혀 없었다. 볼 사람은 보겠지, 아니면 말고. 딱 그런 마음이었다. 그래서 출간 제의를 받았을 때 더 망설였다. '이렇게 사적인, 내심 숨기고 싶은 이런 이야기를 책으로 묶어도 될까?'

'이래도 될까?'라는 망설임과 '책 내고 싶다'라는 욕망의 전투. 결국 욕망이 승리를 거둬 내 생에 두 번째 책을 세상에 내놓게 됐다. 깊고 깊은 내 욕망을 자극해준 이르비치 대표님께 감사를 전하고 싶다. 그녀의 응원과 위로는 한동안 살아갈 수 있는 에너지가 됐고, 덕분에 출간은 정말 즐거운 작업이라는 걸 다시 한번 배웠다.

욕망에 눈이 멀어 내는 책이지만, 누군가에게 도움이 될 것이라는 기대는 있다. 이혼 과정에서 경험하고 느낀 것들을 정리한, 지극히 사적인 일지임에도 모든 소송 과정을 상세히 설명하려 노력했다. 변론기일이나 가사조사, 가정방문, 조정 같은 과정을 머릿속에 그려볼 수 있기를 바라며 글을 썼기에, 이 과정을 준비하고 있는 이들에게는 어떤 식으로든 도움이 되지 않을까.

이 책을 집어 든 이들에게 마지막으로 당부하고 싶은 이야기. 이 기록은 전적으로 '작가의 입장'만을 기록한 것임을 기억해주시기를. 모든 싸움은 양쪽 말을 들어봐야 판단할 수 있기에, 어쩌면 이 글들은 상대의 입장에서는 매우 억울하고 반박하고 싶은 일방적인 주장일 수 있음을 미리 말하고 싶다. "네 입장을 담은 글을 좀 줄래?" 물으며 함께 작업할 수 있는 사이가 아니기에, 일방적으로 내 얘기만 할 수밖에 없었다.

이건 그러니까, 지극히 주관적인 나의 이혼 이야기. 연애부터 이혼까지 10여 년이 모두 담긴, 그런 이야기다.

2023년, 이림

Contents

I

시간은 모든 것을 파괴한다

당시의 우리는 행성 같았다.

좁은 집에서 거대한 우주를 흉내 내며 살았다.

서로 적정 거리를 유지하며 자기 궤도만 뱅뱅.

사랑을 했다. 우리가 만나

'사랑을 했었다.'

이혼에 대한 글을 이런 문장으로 시작하는 게 참 우습다고 생각하면서도, 관계의 시작을 말하려니 '사랑'이라는 단어를 쓰지 않을 수가 없었다. 한참을 고민해도 그랬다. 며칠을 고민해도, 도무지 저 단어를 쓰지 않고서는 우리의 시작을 이야기하기가 어려웠다.

이제는 전남편이 된 그와는 직장에서 만났다. 내가 입사 3년 차에 접어들 무렵, 막 인턴이 된 그가 내 앞에 나타났다. 나는 이직을 꿈꾸며 온갖 스터디를 들락거리던 때였고, 그 또한 짧은 인턴 생활을 마치고 곧바로 입대해야 하는 상황이었다. 남편의 첫인상은 뭐랄까, 마치 '신인류'처럼 보였다. 나보다 두 살이 어린데 자기가 원하는 대로 상황을 이끌어가는데 능했고, 언제 어디서든 하고 싶은 말은 똑 부러지게 했으며, 모두와 잘 지내다가도 누군가가 선을 넘는 순간 단호한 모습을 보이기도 했다. 한마디로 나와는 정반대의 인간 유형.

그런 신인류를 발견한 구인류는 눈을 뗄 수가 없었다. 자꾸자꾸 눈길이 가서 계속 계속 바라보니 어느 순간부터는 심장이 먼저 반응하기 시작했다.

당시의 나는 연애 문제로 힘들어하는 사람들을 이해하지 못했다. 집에 우환이 있는 것도 아니고, 하루아침에 큰 빚이 생긴 것도 아니고, 이직 문제로 골머리를 앓는 것도 아닌데 사랑? 연애? 고작 그런 걸 고민씩이나 한다고? 인생 참 별게 다 문제다, 라고 생각했다.

하지만 그 문제가 내 것이 되자 어찌할 바를 몰라서 쩔쩔맸다. 절절 끓는 감정은 강렬하고 자극적이어서 자꾸자꾸 그것을 갈망하게 됐다. 사랑에 빠져 달뜬 내 상태가 좋은 건지, 나를 이렇게 만드는 상대가 좋은 건지, 그런 걸 차분히 생각할 겨를도 없었다. 그저 그가 나를 바라봐주기만을 간절히 원했던 것 같다.

지금 생각해봐도 애썼다 싶을 만큼, 나는 그의 마음을 얻기 위해 온갖 노력을 했다. 시선은 모니터에, 온 신경은 그에게 집중하고 있다가 그가 도움을 요청하기도 전에 도움을 줬고, 두리번대는 낌새만 보여도 뭐가 필요한지 물었다. 빠르게 일 처리하는 방법, 회사의 온갖 비화들, 옆 동네 맛집 등을 묻지 않아도 알려주며 꾸준히 치근덕거렸다.

놀라운 건, 그토록 어설픈 노력에 상대도 점차 반응하기 시작했다는 것. 일에 관한 대화만 가득했던 퇴근 후의 전화 통화는 "같이 저녁 먹을래요?"로 이어졌고, 저녁을 먹으면서 한두 잔씩 술을 마시게 됐고, 어느 순간부터 서로의 일상이나 취향에 대한 시시콜콜한 이야기를 깊게, 깊게 나누고 있었다.

그가 웃으면 나도 웃었고, 그와 눈이 마주치면 심장이 두근거려 아무 말도 할 수가 없었다. 서로를 바라보다가 적막이 끼어들면 술잔을 쨍- 부딪쳐 침묵을 깼다. 누가 먼저랄 것도 없이 술잔을 들어 쨍- 쨍. 취기와 설렘이 뒤섞인 감정으로 걷던 어둑어둑한 골목길, 그 길을 나란히 걷다가 손끝이라도 스치던 찰나엔 말 그대로 온 세상이 우뚝 멈춘 듯했다.

마침내 연인이 된 우리는 눈에 뵈는 게 없는 사람들처럼 굴었다. 회사에서는 남몰래 문자를 주고받고, 눈빛을 주고받고, 알쏭달쏭 미소를 주고받고, 비상구에서 마주치기라도 하면 은밀히 손을 잡고,

그러고도 모자라 퇴근 후에도 주말에도 만나 함께 시간을 보냈다. 1년 후에는 그가 입대해야 하는 상황이었기에 더 뜨겁고 치열하게, 나의 모든 시간을 그와 함께 보내려 애썼다.

서로가 너무 뜨거웠던 탓일까. 우리 관계에 찬물을 끼얹는 상황이 간혹 벌어지기도 했다. 지금 생각해보면 크고 작은 다툼이 끝없이 이어지던 날들이었다. 만나는 횟수만큼 다툼은 잦아졌다. 반복되는 싸움은 판단을 흐리는 데 한몫했다. 그렇게 싸워대면서도 관계를 정리할 생각은 하지 못했고, 싸움 후에 찾아오는 달콤한 화해만 목이 빠져라 기다렸던 것 같다. 싸움이 치열할수록 화해는 뜨거웠기에 그의 집착은 나를 향한 애정, 그의 분노는 나를 지키기 위한 투정이라고 착각했다.

상대 역시 "너 때문에 내가 이렇게 화를 내는 거잖아."라고 말했기에, 아아~ 역시 내가 이상했군. 이렇게 다정한 사람이 소리를 지르고 물건을 던지며 화내는 건 나한테도 문제가 있는 거야, 라고 믿어버렸다.

돌이켜보면 누군가를 그토록 좋아했던 건 처음이었다. 이성적이라 믿어왔던 스스로를 재평가해야 할 만큼 속절없이, 매우 비이성적으로 그 사람 앞에서는 무기력해졌었다. 그래도 지금까지의 내 삶이 어떻게든 흘러왔고 자리 잡고 있었으므로, 내가 노력하면 무슨 일이든 극복할 수 있으리라 상상했다. 우리는 서로를 보듬어 줄 수 있는 특별하고 유일한 존재라고 믿었다.

왜 그렇게 걷잡을 수 없이 빠져들었는지, 지금 생각해봐도 도무지 알 수 없는 일이지만 우리는 그때, 사랑을 했었다.

연애의 끝, 결혼식

　그는 인턴 생활을 끝내고 곧바로 입대했다. 내 나이 스물여덟에 '곰신 카페'의 회원이 될 줄은 꿈에도 몰랐지만, 어쨌거나 나는 남친을 군대에 보낸 '곰신'이 되었다. 그가 군 생활을 하던 2년 동안 나는 온오프라인을 넘나들며 분주한 시간을 보냈다. (지금 생각하면) 시공간이 오그라드는 낯 뜨거운 이벤트도 모조리 따라 했고, 주말이 되면 어김없이 그를 만나러 갔다. 주중엔 일하랴 곰신 카페를 들여다보랴 바빴고, 주말엔 그를 면회하느라 바빴다.

　그러다 헤어지면 어쩔 거냐고 묻던 친구들의 말도 들리지 않았다. 그와 헤어지는 건 내 계획에 없었다. 뭐랄까, 그 당시의 나는 사랑과 의리를 혼동하고 있었던 것도 같다. 다른 곳도 아니고 군대 간 애인에게 이별을 통보하는 건, 의리를 저버리는 것과 같다고 생각했달까.

거꾸로 매달아 놔도 아무튼 돌아간다는 국방부의 시계는 꾸준히 돌아갔다. 나는 거의 매주 그를 만나러 갔고, 그가 휴가를 나왔을 땐 밖에서 데이트했다. 몇 번의 휴가 중에 그의 부모님을 뵙기도 했는데, 그 무렵 결혼 이야기가 나오기 시작했다.

그와 연애를 시작할 때도 우리의 앞날은 불투명한 상태였다. 나는 호시탐탐 이직할 기회를 노렸지만 뜻대로 안 되던 시기였고, 그역시 인턴을 마치면 군대에 가야 하는 상황. 그럼에도 사랑하니까 '연애 정도'는 할 수 있다고 합리화했다. 하지만 결혼이라는 현실에 한 발 더 접근하면 고민해봐야 할 문제가 많았다. 그의 직장과 이루지 못한 나의 꿈, 당장 살 집과 당장 해결해야 할 현실적인 문제 등. 여러모로 생각해봐도 연애와 결혼은 차원이 다른 문제였다.

연애와 결혼이 다른 문제라고 생각하는 사람은 나뿐이었다. 그와 그의 부모님은 곧 서른을 앞둔 내 나이를 언급하며 결혼을 서둘렀다. 적당히 웃어넘긴 것도 한두 번, 매번 결혼 이야기를 꺼내며 나의 노산을 염려해주는 말을 듣고 있자니 어느 순간부터는 '사랑하는데 못할 것도 없잖아?'라는 마음마저 생겼다. 어차피 평생 연애만 하며 살 수는 없고, 그렇다고 그와 헤어질 생각도 없었으니 남은 방법은 결혼뿐이었다.

어라? 어라? 하다가 결혼식장에 들어간다더니 정말로 그랬다. 나의 결심이 서자마자 그의 휴가에 맞춰 상견례가 진행됐고, 그다음부터는 모든 것이 착착 굴러갔다. 좀 더 정확히 말하자면, 그는 여전히 군인 신분이었으므로 민간인이었던 내가 하나부터 열까지 모든 준비를 해야 했다. 주중, 주말 가릴 것 없이 돌아다니며 웨딩플래너를 만나고 스튜디오와 각종 가전, 가구 사이를 헤맸다. 그렇게 혼자 수행한 '미션'은 차곡차곡 정리했다가 주말에 면회하러 가서, 그가 휴가 나왔을 때 '결재'를 맡듯 하나씩 결정했다. 정신 차릴 틈도 없이 시간이 흘렀고, 그가 제대한 다음 날 우리는 결혼식을 올렸다.

연애 시절 이야기를 떠올려본 건, 관계의 시작을 돌아보고 싶었기 때문이다. 이제는 잘 떠오르지도 않는 지난 기억을 헤집고, 우리가 어떻게 만났더라? 어떻게 결혼했지? 생각해보고 싶었다.

흐른 시간만큼 켜켜이 쌓인 먼지를 걷어내고 가장 깊숙한 곳에 웅크리고 있던 우리의 '시작'을 회상해 보았다. 한때 '찬란했던 순간'이라고 믿었던 추억을 10여 년이 지난 지금 다시 들여다보니 참 볼품없고 초라하다, 싶다. 나는 고작 이런 것을 사랑이라고 불렀구나.

현재의 내가 바라보는 과거의 나는, 스스로의 감정에 빠져 아무것도 보지 않으려 애쓰는 어린아이 같았다. 그때의 나는 사랑을 했다기보다 내 감정을 지키려 집착했던 것 같다. 입속에 들어온 사탕이 너무나 달콤해서 절대로 뱉지 않겠다는 집념과 어린 욕심.

무엇을 사랑이라 부를 수 있을까. 지금도 잘 모르겠지만 한 가지 확실한 건, 사랑은 순도 높은 '감정'의 결정체를 의미하는 것 같다. 상대를 바라보는 것만으로도 설레고, 그를 위해서라면 나를 온전히 내려놓을 수 있는 것. 현실적인 문제를 모두 배제한 그저 감정뿐인 상태. 이 순수한 감정은 '연애'를 시작하면서 변하는 것 같기도 하다. 연인이라는 '관계'가 성립되는 순간 둘의 사랑은 조금 더 복잡다단하게 진화할 테니까. 집착이든 책임감이든 의리든, 다양한 이름으로 사랑은 변해 가리라.

나는 사랑을 했고, 연애했고, 결혼도 했었다. 처음엔 사랑이라고 굳게 믿었던 감정이 언제, 왜 변하기 시작했는지는 잘 기억나지 않는다. 다만 어느 순간부터 사랑한다는 말을 도저히 입 밖으로 꺼낼 수가 없었다.

그 무렵 알랭 드 보통의 《낭만적 연애와 그 후의 일상》에서 나와 그의 상태를 진단해주는 듯한 대목을 읽은 적이 있다. 나는 이 문장을 곱씹고 또 곱씹었다.

> "부부 상담을 구하는 환자의 70퍼센트가 불안정하거나 회피하는 행동을 보인다. '불안정 애착'은 두려워하고 집착하고 지배하는 행동 양식이다. 불안정 애착의 징후는 침묵, 지연, 막연함 같은 애매한 상황을 견디지 못하고 극적으로 반응하는 것이다. 그런 상황은 즉시 모욕이나 악의적인 공격과 같이 부정적으로 해석된다. 불안정 애착을 가진 사람들은 사소한 모욕, 경솔한 말, 부주의를 파탄의 전조라도 되는 양 불길하고 강력한 위협으로 느낀다. 그들은 보통 주위 사람들에게 자신의 유약함을 설명하지 못해서 심술궂다거나 성마르다거나 잔인하다는 꼬리표가 붙는다.
> '회피 애착'은 '공간'이 필요하다는 식의 말을 하고, 혼자 있는 시간을 즐기고, 때때로 성적 친밀함에 대한 요구를 힘겹게 느낄 수 있다. 이들은 정서적 필요가 충족되지 않으면 갈등을 피하고 상대방에게 노출을 줄이려는 강한 욕구를 느낀다. 또한 두려움에 찬 방어적인 행동 양식을 파트너에게 설명하지 못한다. 그 결과 무정하고 무심하다는 오해를 쉽게 불러일으킨다." [1]

결국, 불안정 애착 남자와 회피 애착 여자가 만나 연애를 하고 결혼식을 치른 것이다. 돌아보건대, 어쩌면 우리는 사랑을 한 게 아니

1　알랭 드 보통(은행나무, 2016), 《낭만적 연애와 그 후의 일상》, p. 251~258 재구성

라 각자의 결핍을 드러내며 상대를 갉아먹고 있었던 걸지도 모르겠다. 상대를 갉아 나를 채우던 잔인한 욕심을 사랑이라고 착각했던 걸지도.

현실과 현타

자취방에서 둘만의 공간으로 짐을 옮겼다. 집을 마련할 돈은 내게도 남편에게도 없었으므로, 시댁 1층에 자리를 잡았다. 좁은 집에서 좁은 집으로의 이사. 남편의 지인들이 이사를 도왔다. 테트리스하듯 짐 정리를 끝낸 밤, 이사를 도와준 이들과 작은 파티를 열었다. 변변한 상도 없이 빈 박스 같은 것을 엎어놓고 그 위에 배달 음식을 차려놓고 술잔을 주고받았다. 자리를 찾지 못한 짐들이 주변에 마구잡이로 쌓여있었지만, 아무것도 문제 될 건 없었다. 깔깔 웃으며 즐겁게 술을 마셨을 뿐.

새 TV와 새 냉장고와 새 침대와 새 화장대, 그것만으로도 신혼 기분은 차올랐다. 싱크대엔 새 그릇과 새 냄비와 새 수저가 자리 잡았고, 화장실엔 새 샴푸와 새 수건과 새 칫솔이 그득했다.

한 치 앞도 모를 미래, 미리 걱정해서 무엇하리. 둘이 함께 열심히 살면 되는 거지. 그렇게 신혼집에서의 첫날밤이 깊어갔다.

초반엔 그저 어딘가로 여행을 떠나온 기분이었다. 내일 혹은 며칠 후면 원래 보금자리로 돌아갈 여행. 며칠이 지나도 들뜬 기분은 가라앉지 않았다. 출근할 때만 잠깐 현실로 돌아갔다가, 퇴근 후 장을 보면서는 다시 여행이 시작되는 기분. 매일 볼 수 없었던 남자친구가 남편이라는 존재가 되어 매일 곁에 있는 상황이 펼쳐졌기에 현실감은 더 없었다. 여행 같은 매일이라니! 과연 꿈꾸는 듯한 날들이었다.

그런데, 시간이 아무리 흘러도 여행이 끝나질 않았다. '아아, 즐거운 여행이었어. 안녕!' 하며, 혼자만의 공간으로 돌아가고 싶은데 여행이 계속됐다. 심지어 돌아갈 집도 없었다. 맙소사. 그렇게 한 달, 두 달이 지나고 석 달쯤이 되자 극심한 피로가 몰려왔다. 영원히 끝나지 않는 여행 지옥에 빠진 삶은 몹시 피곤했다.

여행 가서 머무는 숙박업소는 구석구석 청소할 필요가 없었지만 집은 치워야 했다. 뭔가를 먹고 나면 설거지가 나왔다. 먼지와 빨래도 점점 쌓여갔다. 여행자의 마음으로 마구 써버린 카드값도 차곡차곡 쌓여 눈덩이가 되어 돌아왔다.

퇴근 후 자취방에서 뒹굴던 여유로운 일상은 옛일이 됐다. 사용한 식기들을 제대로 정리하고 집 안 구석구석을 말끔히 치우다 보면 순식간에 주말이 지나갔다. 그렇게 치워도 이틀 후엔 제자리가 됐다. 온종일 일하고 퇴근 후에 집으로 돌아오면, 여전히 갓 제대미를 뽐내는 남편이 엉망이 된 집에서 나를 기다리고 있었다. 나 혼자 쳇바퀴를 뛰는 기분이었다. 쳇바퀴의 매력은? 뛰고 또 뛰어도 결국 제자리라는 것.

그 무렵 나는 사람이 서식할 만한 환경의 기준이 사람마다 천차만별이라는 사실을 절실히 깨달았다. 남편이 4~5급수쯤에서도 무탈하게 살아갈 수 있는 물고기였다면, 나는 3급수쯤의 환경을 유지하기 위해 바삐 움직이는 물고기였다.

남편은 나의 정리벽을 못마땅해했고 나 역시 내 서식지를 어지럽히는 남편에게 불만이 생기기 시작했다. 내가 서식할 만한 환경을 지키려면 스스로 움직이는 수밖에 없었으므로, 매일 퇴근 후엔 어질러진 집 안을 쓸고 닦고 치우고 정리했다. 나는 어느새 환경지킴이가 되어 있었다. 다음날도 그다음 날도 쳇바퀴를 뛰듯 쓸고 닦고 치우고 정리했다.

그러다 보면 '나는 누구이며 여긴 어디인가, 내가 쓸고 닦는 와중에 가만히 앉아 기침 소리를 내는 저자는 누구인가?'라는 근원적인 의문이 생겼다. 나는 잔소리를 시작했고 남편은 고함을 치며 맞섰다. 환경파괴자와 환경지킴이의 싸움이 시작됐다.

서식 환경이 다른 두 사람은 활동 시간마저 달랐다. 남편은 캄캄한 밤에 움직이는 야행성 동물이었지만, 나는 해가 뜨면 움직이는 주행성 동물이었다. 모든 동물의 움직임에는 소리가 동반되는 법. 고요한 밤에 야행성 동물이 소음을 내면 주행성 동물은 어김없이 잠에서 깼다. 그런 날들이 반복되자 주행성 동물은 점점 예민해져 갔다. 이번엔 야행성 동물과 주행성 동물의 싸움이 시작됐다.

집이라도 넓었다면 우린 덜 싸웠을까? 돌이켜봐도 정말, 참, 치열하게 싸워댔다. 싸움과 화해, 싸움과 화해가 꾸준히 반복됐다. '심심한데 우리, 본격적으로 싸움이나 한번 해볼까?' 그런 대단한 각오를 품고 결혼한 사람들 같았다. 살아온 환경이 다른 두 사람이 함께 살게 되었으니 어느 정도의 싸움은 당연하겠지만, 우린 당연한 수준을 한참 넘어서 자주, 험하게 다퉜다.

결혼한 모든 사람이 이런 과정을 거치며 맞춰가는 걸까? 이 시기를 버티면 검은 머리가 파뿌리가 될 때까지 해로할 수 있는 걸까? 어우야, 검은 머리가 파뿌리가 되다니! 그 말이 얼마나 무거운 의미인지 깨닫는 순간이었다.

시간은 모든 것을 파괴한다

착한 며느리 증후군

결혼하고 두 달 후에 시어머니 생신이 있었다. 아무도 시키지 않았음에도, 나는 자발적으로 연차를 내고 '한 상 차림'을 계획했다. 생신 2주 전부터 인터넷을 뒤져 신중하고 신중하게 메뉴를 골랐다. 미역국, 찰밥, 생선, 불고기, 잡채는 꼭 있어야 한다는 글을 읽고 그걸 해보기로 했다.

나는 요리를 못 한다. 그럼에도 인터넷 세상의 요리 고수들이 '너무 쉬운 요리'라고 입을 모아 말했기에 잘만 따라 하면 비슷한 맛은 낼 수 있을 것이라고 믿었다. 그게 문제의 시작이었다.

생신 전날 퇴근길에 한가득 장을 보고, 말 그대로 '밤을 꼴딱 새워' 요리를 했다. 미역국을 끓이고 찰밥에 들어갈 팥을 삶고 생선을 구웠다. 시판용 양념을 외면하고 굳이 배를 갈아서 불고기 양념을 만들었다. 잡채에 넣을 양파와 당근과 고기와 버섯과 시금치와 기타 등등을 채썰고 지지고 볶고 데쳤다('너무 쉬운 요리'라고 추천했던 요리 고수들의 정체는 과연 무엇이란 말인가?). 추천 메뉴에 없었던 월남쌈까지 만들 때쯤 동이 텄다. 월남쌈을 돌돌돌 마는데 정신이 돌돌돌 달아나는 것 같았다.

아침 9시에 모든 음식을 시댁으로 날랐다. 식탁에 온 가족이 둘러앉았다. 화기애애한 분위기를 내심 기대했지만, 가족들은 밥을 먹으며 점점 말을 잃어갔다. 나 역시 졸린 와중에도 이 음식들이 거대한 소금산으로 나를 이끌고 가는 느낌에 압도됐다.

마트에서 잡곡을 팔던 아주머니는 찰밥 재료를 사는 내게 "찰밥에는 소금을 조금 넣으면 훨씬 맛있어진다."는 꿀팁을 주셨다. 문제는 그 '조금'의 양을 내가 알지 못했다는 것. 인터넷에서 찾은 불고기 양념 레시피에도 어른들이 드실 거면 간장을 조금 더 넣으라는 조언이 있었다. 그래서 간장을 '조금 더' 넣었다. 조금 짠 듯했으나 밥이 있으니 괜찮겠지 생각했다. 레시피대로 만든 잡채는 왜인지 허여멀겋게 보여서 간장을 '조금 더' 부어 색을 냈다. 미역국은 오래오래 끓이면 깊은 맛이 날 것 같았기에 끓이고 또 끓였다.

결국엔 짠맛과 짠맛과 짠맛이 만나 어디로도 젓가락을 뻗을 수 없는 조식이 완성됐다. 짠맛을 피하려 밥을 먹어도 밥 역시 짰다. 그 덕에 관상용(?)으로 만들어놓은 월남쌈만 금세 동났다. 그 누구의 밥그릇도 쉽사리 비워지지 않았기에 식사 자리 역시 쉽게 끝나지 않았다. 몇 년이 지난 지금도 잊히지 않는 엄청난 아침 식사였다.

결혼 초의 나는, 시댁에 경조사가 있을 때마다 먼저 나서서 온갖 이벤트를 기획했다. 누가 시킨 적도 없는데 '알아서 기었다'고 해야 할까. 그런 나의 행동 저변엔 '똑바로 봐. 나도 어른 모실 줄 알아'를 남편에게 보여주려는 마음이 깔려 있었다.

결혼을 앞두고 남편에게 내 속마음을 털어놨던 게 화근이었다. 나는 남편에게, 어머니가 일찍 돌아가시고 아버지와 사이도 좋지 않아 어른들과 친밀하게 지내는 방법을 잘 모르겠다고 말한 적이 있었다. 깍듯하게 예의를 지키면 거리감이 생겨서 불편하고, 선을 넘지 않으면서 친밀도를 높이는 방법을 모르겠다고. 어쩌면 나는 어른 대하는 걸 너무 어려워하는 '어른포비아'인 것 같다는 자평도 덧붙였었다.

이후 남편은, 시부모님과 나의 의견이 다를 때마다 '어른포비아인 니가 이상한 거'라고 말하기 시작했다. 시부모님은 지극히 평범하고 정상적인 사고를 하는 분들인데, 내가 내 부모님과 교류하며 산 적이 없어서 공감 능력이 떨어진다는 이야기, 내가 결손가정에서 자라 어른을 모실 줄 모른다는 이야기였다. 그 말이 몹시도 아프고 거북했다. 내 딴에는 상처인 이야기를 어렵게 꺼내놓은 대가가 너무 처참했달까.

그는 꾸준히 나의 상처를 자신의 무기 삼아 나를 공격했다. 결손가정, 가정교육, 엄마 없는 티, 결핍 같은 소리를 듣고 있으면 마음이 너무 괴로워서 오히려 '더 과한 며느리'가 돼버려야겠다고 생각했던 것 같다. 그렇게 빚어진 대참사 중 하나가 시어머니 생신이었다. 밤을 지새워 만든 생신상, 식사 후엔 네일숍으로 중국마사지숍으로 어머니를 끌고 다니며 내가 이렇게 '훌륭한 며느리'라는 걸 보여주려고 용을 썼다.

그런 코스프레는 때와 장소를 가리지도 않았다. 생신 때는 생신이어서, 명절 때는 명절이어서, 시댁에선 시댁이니까. 태어날 때부터 그랬던 것처럼 자연스럽게 음식을 나르고, 설거지를 하고, 선 넘는 말에도 반박하지 못했다.

돌아보면, 남편의 완벽한 승리였다. 그리고 나는 미련한 패배자였다. '나는 삐딱한 사람이 아니고, 어둡게 살지 않았으며, 부족하지도 않고, 엄마 없이도 잘 자랐다'는 걸 증명하기 위해 스스로를 괴롭혔다. 결핍을 감추기 위해 했던 행동이 오히려 결핍을 부각했던 날들. 그걸 놓치지 않고 나를 공격하던 남편. 공격당할 여지를 없애려고 더욱더 나를 갈아 넣던 시간.

어쩌면 우리의 균열은, 결혼하기 전부터 이미 시작된 걸지도 모르겠다.

새드엔딩을 직감하다

늘 마시던 생수에서 비린내가 느껴지고, 남편이 끓여준 짜파구리에서 화학약품 냄새가 나고(서, 설마… 독을 탔었나?), 점심 메뉴로 시킨 된장찌개 냄새에 한바탕 헛구역질하고 난 후에야 '몸이 뭔가 이상하다'는 직감이 왔다. 결정타는 맥주였다. 한두 캔쯤은 꿀꺽꿀꺽 비워대던 내가, 목구멍을 자극하는 찌르르한 느낌을 즐기던 내가 '더는 못 먹겠다'라며 캔을 내려놓은 다음 날, 임신테스트기를 샀다. 결과는 두 줄. 몇 주 전 벌어졌던 大 싸움과 大 화해의 순간이 떠올랐다.

산부인과에서는 임신 6주라고 했다. 팔딱팔딱 펄떡펄떡 힘차게도 뛰는 심장 소리를 들었을 땐 온갖 감정이 머릿속을 어지럽혔다.

생명이라니! 내 안에 새 생명이 자리 잡다니! 기뻐야 했다. 기뻐해야 한다고 생각하면서도, 너무나 갑작스러운 전개였기에 두려움도 밀려왔다.

가장 먼저 든 생각은 앞으로의 생활에 관한 것들이었다. 회사는 어쩌지, 애는 누가 키우지, 내가 회사를 그만두면 생활비는 어쩌지, 혼자 벌어 둘이 사는 건 버틸 만했지만 셋도 가능할까? 지금 이 집에서 신생아를 키울 수 있을까? 같은 현실적으로 해결해야 할 문제들이 머지않아 닥쳐올 터였다.

남편도 나도 젊으니 어떻게든 되겠지, 라는 심정으로 오늘의 고민을 내일로 미루며 살던 때였다. 하지만 그 고민을 더는 미룰 수 없게 되자 우리의 미래에 한층 더 안개가 끼는 느낌이었다.

남편은 여전히 직업이 없었고, 육아휴직이라는 제도가 지금처럼 보편화되지도 않은 시기였기에 출산휴가 석 달만을 쓰기로 하고 예정일 직전까지 근무하기로 했다.

집에 남편을 두고 출근했고, 퇴근하고 돌아오면 남편이 집에 있었다. 취업이 어렵다고는 하지만, 매일매일 집에 있는 남편과 (내 기준에서) 어질러진 집을 보면 솔직히 화가 났다. 하루 종일 앉아 있어 퉁퉁 부은 다리를 마사지해주는 다정한(?) 남편이었지만 그런 다정함이 와닿지 않는 것도 문제였다. "마사지할 시간에 직장을 구해."라는 말이 목구멍까지 올라왔지만 참고, 참고 또 참았다.

남편은 배 속 아이에게 들려준다며 기타도 쳐주곤 했다. 남편의 군 복무 시절, 나는 학원에서 남편은 군대에서 공동의 취미로 연습했던 아-련한 추억이 담긴 악기였다. 한때 아련했던 기타 소리는 종종 내 정신을 아득하게 만들었다.

집에 울려 퍼지는 남편의 기타 연주를 듣고 있노라면 팽팽하던 정신줄이 핑- 하고 끊어질 것만 같았다. 내가 뒤뚱거리며 집 청소를 할 때, 싱크대 앞에 모로 서서 잔뜩 쌓인 설거지를 할 때 들리는 기타 소리란. 정말 기타 줄이 끊어지든, 내 정신줄이 끊어지든 뭐든 하나는 끊어져야 살 것 같았다.

이 무렵부터였을까. 나는 친한 친구나 가족에게도 남편에 대해 자세히 말하지 않게 됐다. "어떻게 지내?" "잘 지내." "남편 직장은 구했고?" "뭐, 그럭저럭." '진짜 이야기'의 수위를 조절하고, 상대가 너무 놀라지 않을 만한 이야기를 꺼내곤 했다. 내 사랑이, 내 결혼생활이 초라해진 모습을 들키고 싶지 않았다. 결혼이라는 것을 선택

시간은 모든 것을 파괴한다

한 내 판단이 잘못된 것이었음을 인정하고 싶지도 않았다. 설령 잘못된 판단이었다 한들, 그 모두를 감당하며 사는 것이 옳다고 생각했다. 남편의 무직 상태, 그런 상대에게 잔뜩 겁을 먹고 있는 내 모습. 모든 상황이 몹시 부끄러웠기에 입을 다물어 나를 숨기는 것이 자존심을 지키는 일이라고 여겼다.

말을 아낀 건 남편 앞에서도 마찬가지였다. 결혼 후 1년쯤 지난 이 무렵부터 나는 남편이 무서웠다. 한없이 다정했다가 별안간 100의 강도로 화를 내는 남편의 감정선을 나는 도무지 따라갈 수가 없었다. 그러다 보니 점점 대화를 피하게 됐고, 그 어떤 이야기도 솔직하게 꺼낼 수 없었다. 앞날에 대한 걱정도, 하고 싶은 말도 잔뜩 커진 몸뚱이 안으로 모두 구겨 넣었다. 그런 내 모습마저 마음에 안 들어 계속, 계속 화가 났지만 내 상황 때문인지 임신 호르몬 때문인지 그마저도 분간할 수가 없었다.

배 속 아이는 엄청난 속도로 자랐다. 내 몸도 순식간에 커졌다. 10개월이라는 짧은 시간 동안 몸무게가 20킬로그램 이상 불어났다. 아이는 4.5킬로그램으로 태어났는데, 나는 왜 20킬로그램씩이나 불었는지 지금도 알 길은 없지만 '생명의 신비' 같은 것으로 생각하기로 했다.

나는 예정일 직전까지 일하며 시간이 날 때마다 출산 준비를 했다. 아이에게 필요한 물건을 사고, 산후조리원을 정하고, 때가 되면 정기검진을 받았다. 출산일은 다가오고 마음은 바쁜데, 몸은 늘 피곤하고 한없이 늘어졌다. 마음 편히 잠을 자거나, 허리를 숙여 양말을 신거나, 발톱을 깎는 것도 어려운 현실. 정말 마음처럼 되는 일이 하나도 없는 날들이었다.

출산을 앞두고는 다정 모드(?)의 남편과 바다를 보러 간 적이 있었다. 내가 그토록 좋아하는 새파란 바다가 눈에 들어왔을 때, 어찌해볼 새도 없이 꺽꺽 눈물부터 터졌다. 내 안의 모든 감정이 울음으로 터져 나왔다. 인간의 것인지 동물의 것인지 알 수 없는 괴상한 소리를 내며 한참을 울었던 것 같다. 왕자와 공주는 행복하게 살았다는 동화 속 해피엔딩이 내게는 일어나지 않을 일임을, 이때 직감했던 걸지도 모르겠다.

이제야 고백하자면 당시 내 상황은 글로 풀어낸 것보다 훨씬 더 나빴다. 그리고 선의로든 악의로든 가까운 지인들에게 무언가를 숨겨야 한다는 사실 자체가 꾸준히 나를 힘들게 했다. 그런 시간이 쌓

시간은 모든 것을 파괴한다

이고 쌓이자 어디서부터 뭘 숨겼는지 기억도 나질 않았다.

이 무렵 나는 내 삶의 기준을 확신하지 못했고 불안해했다. 언젠가부터 내 이야기를 하는 대신 "남편은 내가 이상한 거라던데 나 이상한 거야?"라는 질문을 주변 사람에게 자주 했다.

돌이켜보면 남편과의 생활에서 가장 힘들었던 것은 끝없는 자기 부정의 시간이었다. 나는 남편과 대화할 때 '내 기준에서는' '내 상식에서는'이라는 말을 자주 사용했고, 그 말을 들은 남편은 지나온 나의 삶을 나열하며 내 기준과 상식이 '일반적이지 않음'을 조목조목 강조했다. 그러다 보면, '어라, 정말 내가 이상한 건가?' '내가 잘못 생각한 건가?' '내 삶이 그렇게 엉망이었나?'라는 생각이 나를 지배했고, 결국 이 모든 문제가 '이상하게 살아온 내가 남편을 화나게 해서 벌어지는 것'이라 생각하게 됐다.

자기 부정 뒤에는 자기 검열이 이어졌다. 이상한 내가 남편을 화나게 하는 거라면, 이상한 내 행동을 바꿔야 했다. 뭐가 어떻게 이상한지는 나도 잘 몰랐지만, 상대를 자극하지 않으려 말과 행동을 검열하고 또 검열했다.

나도 모르는 사이에 내 삶과 내 기준, 나의 모든 세계가 뿌리부터 흔들리고 있었다.

엄마의 역할, 아빠의 역할

'아이가 배 속에 있을 때가 제일 편하다.'라는 말은 사실이었다. 열 달 동안 애쓴 산모가 푹 쉬는 곳인 줄로만 알았던 산후조리원에서 호된 육아 신고식(?)을 치른 뒤 집으로 돌아왔다. 산후조리원이나 집이나 힘든 건 마찬가지였지만, 남편과 단둘이 아이를 돌보고 있노라면 아아, 역시 산후조리원이 좀 더 나았던가? 싶기도 했다.

출산휴가 3개월 동안 나는 육아의 위대함을 절절히 느끼고 직장으로 복귀했다. 처음 해보는 육아가 너무너무 힘들어서, 육아휴직을 허락하지 않은 회사에 내심 감사한 마음이 들 정도였다.

고작 3개월 휴직했을 뿐인데, 출산 전과 출산 후의 회사생활은 완전히 달라져 있었다. 그간 손을 놓았던 일을 따라가는 것도 벅찼지만, 가장 크게 달라진 점은 세 시간에 한 번씩 유축을 해야 한다는 것. 출근할 때 유축기와 모유 저장 팩 등을 챙겨 일하는 틈틈이 화장실에서 모유를 짰다. 짠 모유는 누가 볼세라 냉동실 깊숙이 넣어뒀다가 퇴근할 때 챙겨서 다시 냉동실에 얼려두면 아이는 그걸 먹고 하루를 지냈다.

내가 굳이 모유 수유를 고집했던 이유는 아이에게 좋다니까 먹여보고 싶은 마음도 있었지만, 좀 더 솔직하게 말하면 분윳값이라도 아껴보자는 생각이었다. 집안 경제를 책임지는 사람은 여전히 나 혼자였고, 아이에게 들어가는 돈이 추가로 발생했으므로 뭐 하나라도 아껴야 했다.

내가 근무하는 동안 아이는 남편이 키웠다. 아이는 무럭무럭 자랐지만 나와 남편은 점점 더 멀어지고 있었다. 돌아보면 내가 3개월 동안 경험하고 두손 두발 들었던 육아를 남편은 매일 반복하고 있었으므로, 그 역시 엄청나게 고단했으리라. 지금에야 그도 참 노력했구나, 라는 생각이 들지만 안타깝게도 그 당시 우리에겐 서로를 이해할 만한 힘이 남아있지 않았다.

나는 산후우울증이라는 감정의 파도를 겪으며 3개월 동안 쉰 업무를 따라가느라 정신이 없었고, 일하는 도중에 유축까지 하는 노고를 인정받고 싶었고, '엄마'의 자리를 빼앗긴 것 같은 느낌에 시달리느라 괴로웠다.

그 와중에 퇴근이 조금만 늦어져도 닦달하는 남편을, 나만 보면 짜증 내고 신경질 부리는 남편을 이해할 수 없었다. 나는 나대로 남편은 남편대로 할 수 있는 최선을 다했지만, 우린 점점 지쳤고 싸움은 잦아졌다.

남편은 힘들어하는 내게 "엄마 자격이 없다."고 말했고, 나는 남편에게 "더 이상 뭘 어떻게 해야 하냐"며 맞섰다. 일반적으로 인식되는 엄마와 아빠의 역할. 그것들이 마구 뒤섞인 상황이었기에 더 다퉜던 건지도 모르겠다. 나는 일하는 엄마였고, 남편은 육아하는 아빠였다.

나는 남편에게, 아빠답게 돈을 벌거나 그게 아니면 집안일을 더 해야 한다고 말했고, 남편은 내게 엄마답게 집안일에 더 신경을 쓰라고 요구했다. 서로가 '더, 더'를 요구했지만, 그 '조금 더'를 해낼 힘이 우리에겐 없었다. 접점을 찾지 못한 날들. 지금 생각해봐도 어떻게 흘러갔는지 모를 시간이었다.

'엄마 자격'이나 '엄마답게'를 운운하는 남편을 보고 있으면 결혼 전 시어머니가 내게 했던 말이 떠올랐다. "여자는 거룩한 희생으로 가정을 지켜가는 거야."라고 하셨던가. '희생'이라는 단어도 낯설었지만 '거룩한'이라는 수식어 또한 퍽 신선해서 "저는 거룩한 희생 말고 행복하게 살래요."라고 대꾸했었다.

그때의 포부처럼 살았더라면 좋았을 텐데, 정신을 차려보니 과연 어머님의 예언(?)대로 내 인생이 흘러가고 있는 듯했다. 나는 엄마와 주부와 직장인, 이 모든 역할 사이에서 시간을 쪼개 쓰며 허둥대고 있었다. 이 중에서 내가 내려놓을 수 있는 역할이 있을까? 직장? 당연히 해야 할 내 일이었다. 돈을 벌어야 생활하고 아이를 키울 수 있으니까. 육아는? 아이의 상태를 살피고, 아이에게 필요한 물건을 주문하고, 먹을 것을 챙기고, 어린이집을 알아보고, 유치원을 알아보고, 준비물을 챙기는 등 모든 육아의 주체는 나였다. 난 엄마니까 당연히 내가 할 일이었다. 집안일 역시 내 일이었다. 남편은 참을 수 있는 더러움을 내가 못 참는 거니까, 어찌 됐든 이것도 내 일이 되었다.

모든 게 버거웠다. 아니, 버거움을 넘어 전혀 예상하지 못한 방향으로 생각이 전개됐다. 남편에게 '상대적 박탈감'을 느끼기 시작한 것. 내 몸도 하나, 남편 몸도 하나, 둘 다 24시간을 살아가는데 나만 바쁜 것 같은 느낌이 들었다. 나는 여유도 없고 자유도 없는데 아아, 저 사람을 보라. 퍽이나 자유롭고 여유롭구나. 나는 회사도 다니고 집안일도 하는데 기타를 튕기는 저자를 보라. 아아, 부럽기도 하지. 나는 아이 등원 준비까지 마쳤는데 아직도 잠들어 있는 저자를 보라. 아아, 저자는 누구인가. 내가 밥하고 치우는 동안 휴대폰만 보고 있는 저자를 보라. 아아, 저 괴생명체는 진짜 무엇일까?

나는 ~ 했는데, 너는 왜 안 해? 이런 식의 비교문이 일상 곳곳을 파고들기 시작했다. 흐르는 시간만큼 화도 쌓였다. 상대적으로 편해 보이는 남편이 점점 못마땅했다. 몸도 마음도 한계에 다다랐을 때 나름의 고심 끝에 남편과 대화를 시도했다.

"돈벌이, 육아, 집안일. 셋 중에 당신이 메인으로 하는 게 뭐야?"

"내가 아무것도 안 한다는 거야?"

"아무것도 안 한다고 말한 적 없어. 메인으로 하는 게 뭐냐고 묻는 거야."

"아무것도 안 했다는 듯 말하지 말라고!"

수년간 이런 대화가 반복됐다. 남편이 어떤 사람인지는 점점 더 알 수 없게 됐다. 그의 눈엔 이렇게 허덕이며 사는 내가 보이지 않는 걸까. 어떻게 이 모든 일을 내게 떠넘길 수 있는 걸까. 그렇게 다정했던 사람이 어쩜 저렇게 변했을까? 사람이 변한 걸까, 사랑이 변한

시간은 모든 것을 파괴한다

걸까.

살다 보니 그 답을 알 것도 같았다. 사랑은 변하는 게 아니라 그냥 사라지는 거였다. 어제는 2% 감소, 오늘은 8% 감소 이런 식으로 점차 사라지는 게 느껴졌다면 다시 키워보려는 노력이라도 했을 텐데. 우리 사랑은 붙잡을 새도 없이 사라져 버렸다.

시간은 모든 것을 파괴한다

'시간이 모든 것을 해결한다.'는 말이 있다. 하지만 안타깝게도 내 결혼생활은 '시간은 모든 것을 파괴한다.'는 쪽에 더 가까웠다.

결혼생활이 지속될수록 나는 점점 지쳐갔다. 남편은 직장을 다니다 사업을 한다고 했지만, 결과는 신통치 않았다. 몇 년째 외벌이가 이어졌고 생활은 늘 쪼들렸으며, 집안일도 여전히 내 몫으로 쌓여있었다. 남편의 새벽 귀가도 간헐적으로 꾸준히 반복됐다. 우리 집은 너무 고요해서 표면적으로는 그럭저럭 유지되는 듯 보였으나 그 안에서 나는 서서히 망가지고 있었다.

결혼 초반엔 남편과 '싸움'을 하던 내가 시간이 흐를수록 점점 더 입을 닫게 됐다. 남편이 때려 부순 선풍기를 보며 다음엔 또 뭐가 부서질까 두려웠다. 벽을 힘껏 때리는 남편을 보고 있으면 저 주먹이 다음엔 나를 향할까 봐 겁났다. 나는 점점 겁쟁이가 됐고, 남편이라는 존재가 무서웠다. 긴장감 없이 대화하다가 호되게 화를 입었던 여러 번의 경험으로, 그와 마주하는 모든 순간에는 나도 모르게 긴장부터 했다.

기억조차 할 수 없을 만큼 오래전부터, 우리 부부는 소소한 대화라는 것을 하지 않게 됐다. 회사 일정으로 인한 육아 문제, 가족 모임에 대한 논의 등 꼭 필요한 이야기만 나눴다. 간혹 주말 근무나 워크숍 같은 일정이 생기면 걱정에 압도돼 정신이 멍해질 정도였다. '남편에게 뭐라고 말해야 화를 덜 낼까?'만 온종일 고민했다. "정말 미안한데, 나도 이러고 싶지 않은데, 회사에서 이렇게 하라고 하는데…." 예정에 없던 일이 생기면, 사과부터 먼저 하는 이상한 언어체계가 내 안에 자리 잡혀갔다. 나름대로 신중하고 또 신중하게 말을 골랐지만, 아무리 단어를 골라도 결과는 비슷했다. 화 또는 짜증 또는 나를 향한 비난.

그 무렵부터 남편에게 전화가 오거나 '대화 좀 하자'는 말을 들을 때면 심장이 빠르게 뛰었다. 무슨 일이지? 내가 뭘 잘못했나? 화가 났으면 어쩌지…. 남편은 더 이상 내가 사랑했던 사람이 아닌 공포의 대상이었다.

나는 주어진 일을 하며 살아갔다. 아침 6시에 일어나 출근 준비를 하고, 아이를 깨워 등원 준비를 하고, 출근길에 아이를 유치원 버스에 태우고 직장으로 향했다. 퇴근하며 장을 봐서 저녁을 차리고 아이와 놀아주다가 재웠다. 다음날도 그다음 날도 무한반복.

남편이 뭘 하며 지내는지, 무슨 생각을 하는지 나는 알지 못했고 궁금하지도 않았다. 그저 아이를 무사히 하원 시키고 내가 퇴근할 때까지 잘 데리고 있는 것만으로도 충분했다. 이즈음 내가 남편에게 바란 것은 딱 한 가지였다. 나를 공격하지 않기. 딱 그것만을 바랐다. 갑작스러운 분노, 고함, 힐난과 공격적인 단어들…. 나의 하루는 그런 것들이 끼어들지 않아도 몹시 버거웠기에, 정말 싸움만은 피하고 싶었다.

언젠가 남편에게, 화내는 모습이 너무 무서우니 그러지 말라고 부탁한 적이 있었다. 그 의견을 적극 받아들인 남편은 100의 강도로 화내던 방식을 '대화'라는 것으로 바꾸려는 노력을 하고 있었다. 나를 위한 '배려'라고 남편은 말했지만, 한두 시간씩 이어지는 대화는 정말, 제정신으로는 버티기 힘든 것이었다.

"이리 와 봐. 우리 얘기 좀 해." 남편이 이 말을 꺼내는 순간이 가장 두려웠다. 폭력적인 폭발은 강도가 센 만큼 짧았다. 반면, 이 대화라는 것은 강도가 약한 만큼 웬만해선 끝이 나지 않았다. 오 분 동안 센 불에 바짝 구워지느냐, 두세 시간 동안 약한 불에 달달 볶이느냐의 차이랄까.

남편과의 대화에서 내 의견이나 감정의 공유 따윈 필요하지 않았다. 내가 무슨 말을 한들 남편이 정해둔 답을 내가 받아들여야 끝나는 대화였다. 아니, 받아들인다고 여러 번 얘기해도 남편의 기분이 풀릴 때까지 대화는 이어졌다. 내가 바닥을 바라보며 멍하게 있으면 남편이 대답을 재촉했다. "이렇게 설명해도 무슨 말인지 모르겠어?" 그럴 때면 정신을 차리고 "미안해."라고 말했다. 뭐가 미안한지는 몰랐지만 제발 이 '대화'가 빨리 끝나기만을 바랐다. "얘기하는데 어디가?" "지금 잠이 중요한 게 아니잖아." "네 태도가 문제라고!" 남편이 말하면, "잘못했어. 조심할게. 원하는 대로 해." 내가 대답했다.

몇 년의 경험들이 쌓이고 쌓여 내 의견을 말하는 것에 대한 의지를 완전히 상실한 상태였다. 어차피 변하지 않아, 어차피 내 말 안 듣잖아, 어차피, 어차피. 나는 마음의 문을 완전히 닫아버린 채 생활하고 있었다. 남편이 무언가를 물으면 "응, 괜찮아."라고 긍정의 대답을 했다. 그래야 긴 대화를 피할 수 있었고, 대화를 피해야 싸움도 일어나지 않았다.

당시의 우리는 행성 같았다. 좁은 집에서 거대한 우주를 흉내 내며 살았다. 서로 적정 거리를 유지하며 자기 궤도만 뱅뱅. 나는 남편이 다가오면 한 발짝 뒤로 물러났고, 남편도 나의 어두운 표정을 보지 않으려고 애쓰는 것 같았다.

어쩌면 나는 비겁했던 걸지도 모르겠다. 용기를 내서 같이 물건을 부수든 소리를 지르든 내 의사를 끝까지 피력했어야 했다. 하지만 계속되는 싸움에 지쳤고, 어느 순간부터 남편이 무서웠고, 아이 앞에서 싸우지 않으려면 입을 다무는 편이 낫겠다고 혼자 결론 내리고 대화를 피했다. 싸우고 또 싸우고, 그렇게 불태울 기력이나 의지가 나에게 있었다면 우리의 미래는 달라졌을까.

말과 감정을 참고, 참고 또 참으면 웬만한 일에는 초연해진다는 것도 이 무렵 알게 됐다. 감정을 느끼면 스스로 버티기 힘들었으므로 모든 감정, 특히 뭔가를 기대하는 마음 자체를 지우려고 애썼다.

기계처럼 주어진 일만 하며 사는 것이 편했고, 그렇게 살려고 노력했다.

방관자의 자세로 뭐든 '그러려니' 넘겼고, 그렇게 모든 일을 바라보자 하루를 보내는 게 확실히 편해졌다. 그와 동시에 내 삶에서도 한 발 한 발 멀어지는 기분이 들었다. 삶에 대한 의욕이 점차 사라져 갔다. '그러려니' 뒤에는 '이렇게 살아서 뭐 하나'라는 생각이 불쑥불쑥 고개를 들었다.

연애한 지 10여 년, 결혼한 지 7년쯤이 지날 무렵 나는 무척 위태로운 상황 위에 서 있었다.

너 자신을 알라

사랑에 **빠졌을** 때 우리는 상대에게 관심을 기울인다. 상대의 취향, 취미, 가족관계 등을 알아가는 과정은 즐겁고 경이롭다. 하지만 둘의 관계에 문제가 생기면 상대의 단점을 수집하듯 모으기 시작한다. 저 사람은 화를 잘 내고, 너무 예민하고, 자꾸만 나를 화나게 만들고 등등. 관계에 문제가 생길 때마다 차곡차곡 수집한 단점을 나열하며 모든 문제는 상대로부터 시작됐다고 굳게 믿기도 한다.

나 역시 그랬다. 정말 지독하게 싸워대면서 남편의 단점을 수집했다. 한때 장점이라고 생각했던 모습마저 단점으로 여겨지던 순간엔 아주 근원적인 의문이 생겨났다. '대체 나는 왜 저런 인간과 연애하고 결혼을 한 걸까? 내가 왜 그랬을까? 정말 미쳤었나?'

상대를 겨누던 칼날을 내게로 돌리자 비로소 나의 문제들이 보였다. 그의 단점이라 생각하던 많은 부분이 내 문제와도 관련되어 있었다.

내 아버지는 알코올 중독자였다. 그런 아버지로부터 가정을 지키던 어머니도 내가 열일곱 살 때 세상을 떠났다. 나는 아버지와의 관계가 제대로 형성되지 못한 채 자랐다. 그렇게 어른이 된 나는, 든든한 보호자를 찾아 헤매는 상태였던 것 같다.

연애 시절, 나는 남편의 구속을 못 견뎌 했다. "어디야?" "뭐해?" "사진 찍어 보내봐." 틈만 나면 나를 구속하는 남편에게 진저리치면서도, 절대로 헤어지지는 않았다. 본인의 의견만 집요하게 강요하는 남편의 성격도 싫었다. 그럼에도 이별을 떠올리진 않았다. 왜? 나는 보호자가 필요했으니까. 천진난만한 딸을 지키기 위해 온갖 과보호와 강요와 위협을 마다하지 않는 강한 보호자. 나는 모든 구속과 강요를 받아들이면서 그것을 사랑이라 믿었다. 이상적인 아버지를 갖고 싶었던 내 어린 자아는, 남편을 통해 아버지의 사랑을 충족하고 싶었던 것 같다.

결혼 후 남편의 무기력한 모습에 화가 치솟았던 것도 아버지가 떠올랐기 때문이었으리라. 알코올 중독자였던 아버지는 모두가 움직이는 시간에 자고 있는 경우가 많았다. 무책임, 무능력, 無無無. 그런 아버지를 보고 자랐던 나는 남편의 늦잠을 못마땅해했다. 그 모습을 보면 깊숙한 곳에 묻혀있던 나의 어린 날이 떠올랐으니까.

'남편이 나를 공격하지 않기만을 바랐다.' 라는 문장이 완전한 진실이 되려면, 남편이 자는 순간을 기꺼이 받아들이는 게 옳았다. 잠들어 있는 사람이 나를 공격할 리는 없으니까. 그럼에도 그 모습을 보는 게 힘들어서 치솟는 화를 참으려 무던히도 애썼다.

인정하고 싶지 않지만, 나는 남편과 아버지를 연결 짓고 있었다. 그리고 그 관계가 삐걱거리자 아이처럼 숨어버렸다. 밖에서의 나는 잘 웃고 밝고 단호하게 말하는 사람이었다. 이게 내 모습이라고 믿어 의심치 않았다. 하지만 결혼 후 마주한 내 모습은 달랐다. 내 안에는 어둡고 겁 많고 상처받기 싫어서 방어막을 치고 웅크린 아이가 여전히 존재하고 있었다. 술에 취한 아버지가 화를 내면 겁에 질려 자는 척하던 그 꼬맹이가, 어른의 가면을 쓰고 내 안에 숨어 있었다. 그랬기에 남편과 갈등이 생기면 일단 웅크리는 쪽을 택했다. 상대의 주장이 너무나 비논리적이어도 반박하기보다는 일단 입을 다물고 말았다.

왜 이렇게 덜컥 결혼을 했을까. 수천 번 생각한 끝에 내린 결론은 수많은 책에서 말하는 그 문제 '자존감' 때문이었던 것 같다. 나는 자존감이 몹시 낮은 사람이었다. 불안한 환경에서 자랐음에도 그럭저럭 사회의 일원으로 잘 기능하며 살아가고 있었지만, 그런 스스로를 자랑스러워하지 못했다. '불안한 환경'에만 꽂혀서 어떻게든 나의 뿌리를 티 내지 않으려 애썼고, 그것을 나의 흠이라 여겼다.

이런 흠이 있는 나에게 화목해 보이는 가정에서 자란 남편이 손을 내밀었을 때, 나는 그 손을 맹목적으로 잡아 버렸다. 그 손에 매달려서 '엄마가 일찍 돌아가셔서 못 배웠다' 라거나 '아버지가 똑바르지 못해서 애가 저렇다'는 말을 듣지 않으려고 몹시 용을 썼다. 나는 어떻게든 화목한 가정을 이뤄 그 일원으로 자리 잡고 싶었다.

결혼 전에는 내게 이런 욕망이 있는지조차 몰랐다. 결혼 후 내가 어떤 사람이라는 걸 깨달은 후에도 나는 적극적으로 나를 지키지 않았다. 나는, 나를 아껴줬어야 했다. 상대에게 우리는 서로를 존중해야 함을 제대로 인지시켜야 했고, 나를 존중하지 않는 상대라면 과감하게 헤어졌어야 했다. 하지만 그러질 못했다. 이별이 두려웠고, 나도 한 번쯤은 화목한 가정을 이뤄 잘 살아보고 싶었으니까. 스스로를 아끼지 못하는 상태에서 진정한 행복이, 화목한 가정이 가능하기나 할까. 자신의 상태를 제대로 알아야 남과의 관계도 제대로 굴러가는 것일 텐데, 나는 그러지 못했던 것 같다.

Ⅱ

남편을 남겨놓고 이사를 했다

그와 법적으로 엮여있는 한

내 인생이 제대로 굴러갈 리 없겠다고 생각했다.

그가 더 이상 내 인생에 끼어들 수 없게 만들어야 했다.

그래서 나는 이혼을 결심했다.

은행아, 은행아! 신용 줄게, 대출 다오

참을 수 있을 때까지 참아보자고 생각했다. 우리에겐 아이가 있었고, 아이가 속한 이 가정만은 지켜주고 싶었다. 내 인내심이 부족해서 아이의 성장 환경을 불안하게 만들고 싶지 않았다. 나만 힘들면 된다, 나만 참으면 된다고 수만 번 다짐했지만 그럼에도 결국 한계는 왔다.

물이 가득 찬 컵, 그 컵에 물 한 방울이 떨어져 넘쳤다고 해보자. 누가 물을 넘치게 만든 걸까? 물이 이미 가득 차 있었기 때문일까, 물이 가득 찬 줄 모르고 마지막 한 방울을 떨어뜨린 사람 탓일까. 누구의 탓이든, 내 안의 인내심이라는 컵이 결국엔 흘러넘치기 시작했다.

기어이 물을 넘치게 만든 마지막 한 방울은 한심하게도 '신용카드'였다. 남편이 쓴 소액결제와 예상치를 훨씬 웃도는 카드값. 그것이 나의 임계점이었다. 처음엔 언제나 그랬듯 참았다. 또 싸우게 될 바에야 말을 말자고 생각했던 것. 하지만 나의 신경을 건드리는 소액결제가 꾸준히 이어졌고, 월급으로 생활비를 감당할 수 없는 날이 여러 달 지속되면서 '진짜 더는 못 하겠다'라는 생각이 들었다.

결정적으로, 이런 상황이 평생, 영원히 계속될 거라는 '확신'이 들었다. 아무리 말해도 달라지지 않는 남편, 아무리 일해도 나아지지 않는 경제 상황. 결혼 초에 느꼈던 '쳇바퀴의 매력'을 결혼 7년 차에도 똑같이 느끼고 있었다. 나 혼자 달리고 달려도 제자리인 현실. 이 상황을 벗어나야 한다고, 방법을 찾아야 한다고 '처음으로' 생각했던 것 같다.

움츠리고 움츠리던 마음이 어느 순간 방향을 틀기 시작했다. 나조차도 의아할 정도의 변화이긴 했다. 힘들어 죽겠네, 아아, 차라리 콱 죽어버릴까? 생각하다가 이대로는 절대 안 죽어, 억울해서 못 죽지! 하는 심경의 변화였달까.

카드값이란 얼마나 위대한 것인지, 남편이 쓰고 내가 갚아야 할 숫자를 보자 명료한 깨달음 같은 걸 체감할 수 있었다. 고요하던 마음이 한순간에 요동쳤다. 무브! 무브! 무브! 어서 움직여! 빨리 방법

남편을 남겨놓고 이사를 했다

을 찾아!

    방법을 찾아야 한다고 생각했지만, 그 방법이 무엇인지 구체적으로 떠오르진 않았다. 남편의 생활을 더는 책임지기 싫어서 막연하게나마 '남편과 멀어져야겠다'고 마음먹었을 뿐. 그렇게 며칠을 궁리한 끝에 생각해낸 게 '별거'였다. '따로 사는 게 어떨까?' '따로 살려면 집이 있어야지' '집을 구하려면 돈이 있어야지'로 생각이 뻗어나갔다.

    그러다 떠올린 게 은행이었다. 아무리 생각해도 돈을 구할 곳은 은행밖에 없었다. 직장생활 13년 차, 저축은 10원도 없었다. 그나마 다행인 건 대출도 없었다는 것. 10원의 저축도 10원의 대출도 없는, 놀라울 만큼 깨끗한(!) 경제 상황이었기에 신용이라는 걸 팔면 어떻게든 되지 않을까, 라는 막연한 기대가 있었다.

    오래 생각할 것도 없이 그다음 날 점심시간, 은행에 갔다. '대출' 버튼을 눌러 번호표를 뽑는데 죄지은 사람처럼 눈치가 보였다. 재테크나 저축 같은 경제적인 부분에 어두웠던 나에게 대출이란, 파산 선고처럼 느껴졌다. 결혼생활은 불안하고, 하다 하다 대출에까지 손을 뻗다니. 마음이 무거웠다.

대기 의자에 앉아 창구에 앉은 직원들을 둘러봤다. 비교적 인상이 선해 보이는 직원이 있어서 그 사람이 나를 불러주기를 바랐다. 몸과 마음이 잔뜩 위축된 상태여서 뭐라도 붙잡고 위안을 찾고 싶은 심정이었다.

"저어, 신용대출을 받고 싶은데 대출 가능 금액을 알 수 있을까요?" 선한 얼굴의 직원 앞에 앉아 준비해 간 멘트를 했다. 은행 직원은 필요한 서류를 가져왔는지 물었고 나는 신분증을 내밀었다. "연봉 등을 확인할 수 있는 다른 서류는 없으세요?"라는 직원의 말에 대출의 세계란 내가 생각한 것보다 훨씬 복잡한 거구나, 생각했다.

신분증을 내밀면 내 신용을 조회해서 '귀하의 대출 가능 금액은 얼마입니다.'하고 즉시 알려주는 시스템이 이 세상 어딘가에 있는 줄 알았다. 그런 건 없다는 사실에 당황한 나는 은행 직원 얼굴만 바라봤다. 은행 직원은 필요한 서류 목록을 프린트하더니 이 서류는 △△ 기관에서, 이 서류는 □□ 기관에서 받을 수 있다고 친절히 알려주었다. 역시, 선한 외모만큼 마음도 따뜻한 분이었다.

필요한 서류를 준비해서 며칠 후 다시 은행을 찾았다. "연봉 이하의 금액이라면 신용대출이 가능하다."는 말에 눈이 번쩍 뜨였다. "그, 그러면, 연봉 이하의 금액을 신용대출로 빌리고, 그걸 보증금으로 낸 다음에 또 전세대출을 받으면 집도 계약할 수 있는 건가요?"

남편을 남겨놓고 이사를 했다

이런 질문이 너무 없어 보인다는 걸 잘 알았지만 묻지 않을 수가 없었다. 어쨌든 나는 아이와 살 집이 필요했으므로.

이런저런 설명이 이어졌다. 모든 말을 이해할 수는 없었지만, 결론은 '가능하긴 하다'는 것이었다. 오, 마이, 갓! 세상에! 나에게 돈을 빌려준다니! 벌떡 일어나 큰절이라도 하고 싶은 마음이었다.

방법이 있다는 걸 알게 되자 머리가 빠르게 돌아가기 시작했다. 자, 이제 부동산에 가보자. 적당한 집을 찾아서 신용대출을 받고 전세대출도 받자. 이자는 얼마쯤 될 테니, 월급에서 이만큼을 빼고 이걸 줄이면, 아이와 둘이 살 정도는 되겠다는 결론이 나왔다. 잔뜩 그늘진 마음에 한 줄기 빛이 드는 기분이었다. 이런 긍정적인 기분을 얼마 만에 느껴보는 건가, 싶어서 스스로가 기특했다. '와, 은행에 찾아갈 용기를 내다니! 정말 잘했어.' '13년간 내가 지켜낸 신용아. 고생했어!' 정말 오랜만에 내가 나를 인정했던 순간이었다.

이렇게 쉽게 풀릴 일이었는데, 그동안 나는 왜 방법을 찾을 생각조차 하지 않았을까. 숨죽이고 버티기만 했던 지난 시간이 조금 후회스럽기도 했지만, 딱 오늘까지만 후회하자. 그리고 더는 내 삶을 방치하지 말자, 다짐하며 은행을 나섰다.

집, 집을 구하라

은행에 다녀온 뒤에도 한동안 나는 남편 앞에서 입도 뻥긋하지 못하고 있었다. 이혼이냐 별거냐, 결정이 쉽지 않았다. 마음 같아선 이혼만이 답이다, 싶었지만 아무래도 아이가 마음에 걸렸다. 그래서 택한 것이 별거였고, 마음을 굳혔음에도 남편에게 말을 꺼내는 건 다른 문제였다. '별거'라는 말을 꺼내는 순간 남편이 나를 때리면 어쩌지, 아이 앞에서 미친 듯이 소리 지르면 어쩌지, 두려움이 밀려왔다. 오랜 시간 동안 나를 잠식한 '두려움'은 이혼 과정 내내 지독하게도 나를 괴롭혔다. 그렇다고 언제까지 이렇게 살 수는 없을 터. 며칠을 고민한 끝에 디데이를 정하고, 퇴근 전에는 다음날 연차까지 냈다. 대화가 밤새 이어질 것을 대비해서.

퇴근하면서부터 심장이 뛰었다. 그래도 더는 물러설 곳이 없었으므로 '상황이 심각해지면 경찰을 부르자'는 각오까지 했다. 혹시 모를 돌발 상황에 대처할 방법까지 머릿속에서 시뮬레이션했다. 저녁을 먹고, 아이를 재우고 내적 심호흡을 백 번쯤 한 다음 남편에게 이야기를 꺼냈다. "우리 떨어져 살자."

함께 있으면 서로를 좀먹는 사이가 있는데 우리가 그런 것 같다고, 나는 당신과 있으면 무기력해지고 당신 또한 나와 있으면 책임감 같은 걸 잊는 것 같다고, 구구절절 말했다. 예상대로 남편은 별거를 격렬히 반대했다. 별거하면 아이와 멀어지게 될 테니 지금처럼 함께 지내며 자신의 변화를 지켜봐달라는 이야기였다.

나의 설득과 남편의 반대, 나의 회유와 남편의 분노, 나의 읍소와 남편의 힐난 같은 대화가 실제로, 정말로, 밤새도록 이어졌다. 평소 우리의 대화 패턴이라 하면 새벽 두세 시까지 같은 말을 반복하다가 "다 잘못했으니 제발 그만하자."며 내가 빌어야 끝나는 방식이었다. 그런데 그날만큼은 나도 의지를 꺾지 않고 버텼다. 그리고 남편에게 말했다. "며칠 밤을 새우더라도 내 의견은 변하지 않아. 쉽게 생각하고 결정한 거 아니야."

밤 열한 시쯤 시작한 대화는 새벽 다섯 시가 넘도록 이어졌다. 정신이 멍해지고 눈이 시큰거렸지만 버티고 또 버텼다. '물러서지 마,

포기하지 마, 더 이상 물러날 곳도 없어' 스스로 최면을 걸듯 마음속으로 계속 소리쳤다.

내가 의견을 굽히지 않고 버티자 놀랍게도 남편의 태도가 한결 누그러졌다. 별거는 절대 안 된다던 남편의 입장이 "생각 좀 해볼게."로 바뀌어 있었다. 그런 남편에게 나는 "별거가 아니면 더는 살아갈 힘이 없다고, 우리에겐 변화가 필요하다."고 쐐기를 박았다.

그 와중에도 남편은 내 의견이 '일방적인 통보'라고 거듭 주장했다. '별거'라는 주제에 집중하기보다 그런 큰일을 '통보'한 것을 문제 삼으며 옳고 그름과 시시비비를 따졌다. 글쎄, 나는 정말 이기적이었던 걸까. 한쪽이 반대할 게 뻔한 상황에서 나는 무엇을 해야 했을까. 통보 말고 상의를 했더라면 대화 시간이 좀 더 짧아졌을까. 잘 모르겠다. 그런 걸 마음에 새길 여력이 내겐 없었다.

그날 이후 나는 집안일에서 완전히 손을 뗐다. 평소라면 퇴근 후 간단히 장을 봐서 남편과 아이가 먹을 밥을 차려주고, 그들이 먹는 동안 씻고, 씻고 나와서 그들이 먹은 걸 치우고, 집 안을 정리하고, 아이를 씻기고, 재우는 게 나의 생활 패턴이었다. 그러나 별거를 통보한 다음 날부터 퇴근하면 샤워부터 하고 곧바로 침대에 누웠다.

남편을 남겨놓고 이사를 했다

아이와 남편이 뭘 하든 신경 쓰지 않으려고 애썼다.

　처음에는 그저 눈을 감고 있는 것에만 집중했다. 눈을 뜨고 있으면 할 일이 보이고, 치워야 할 게 보이니 차라리 안 보는 게 낫겠다고 생각했다. 하지만 언젠가부터 나는 매일매일 아주 깊게 잠이 들곤 했다. 자고, 자고 또 자도 계속 졸렸다. 초저녁에 잠들어서 아침에 일어나 출근하고, 일하고, 퇴근하고 돌아와서 또 잠을 잤다. 마치 겨울잠을 자는 곰처럼. 돌아보면 그 당시의 집은 내게 '겨울'이었는지도 모르겠다.

　일하는 틈틈이 포털사이트에서 부동산을 검색했다. 적당한 집이 나타나면 약속을 잡고 점심시간마다 집을 보러 다녔다. 하루라도 빨리 집을 구하고 싶었다. 나와 아이가 지낼 수 있는 곳. 아이에게 밥을 먹이고 아이를 씻기고 아이를 재울 수 있는 곳. 딱 그 정도면 충분하다고 생각했다. 물론 내가 생각하는 '충분한 집'을 찾는 건 꽤 어려운 일이었다.

　온갖 대출을 다 끌어와도 아파트는 무리였고 빌라 정도로 선택지를 좁혔다. 부동산에서는 단독주택도 권했지만, 아이와 단둘이 지낼 생각을 하니 걱정이 앞섰다. 만약 남편이 찾아와서 불같이 화를 내면 어떡하지, 남편이 강제로 아이를 데려가면 어떡하지…. 혹시라도 일어날지 모를 '만약'을 생각한다면 얼굴도 모르는 이웃사촌이라도 있는 게 나았다. 그래서 빌라 위주로 집을 알아봤다.

가격이나 위치 등을 부동산에 말해두고 조건에 맞는 집이 나타날 때마다 가봤지만 뭐든 하나씩 맞지 않는 구석이 있었다. 갑자기 가격을 올린다거나, 회사와 너무 멀거나, 아이 유치원과 너무 먼 거리에 있었다. 나 혼자 사는 집이었다면 뭐가 됐든 괜찮았겠지만, 아이와 함께 거주할 집이었기에 조금이라도 더 안전하고 쾌적한 공간이길 바랐다.

그러던 어느 날 부동산에서 전화가 왔다. 괜찮은 집이 나왔는데 보겠느냐고. 몇 번이나 실망한 전적이 있어서 별 기대 없이 도착한 곳은 역시나 낡은 빌라였다. 이번에도 꽝이군, 생각하며 집 안에 들어섰는데 웬걸. 보자마자 '여기다!' 싶었다. 뭐라 표현할 수는 없지만, 집을 보는 순간 이곳에서 아이와 함께 지내는 내 모습이 머릿속에 '선명하게' 그려졌다.

아이 유치원에서 차로 10분, 곧 입학할 초등학교와는 도보 3분, 회사와의 거리는 차로 20분, 남편이 사는 집과 차로 10분…. 심지어 가격도 예상했던 것보다 저렴했다. 모든 기준을 충족시키는 집을 '운명처럼' 만나자 가슴이 뛰었다. 드디어 남편과 멀어질 수 있겠구나.

커피 한 잔의 의미

집 계약을 위해 부동산에 갔다. 은행 대출은 처음인 데다 대출을 끼고 집을 계약하는 것도 처음이어서 별 탈 없이 계약이 끝나기만을 간절히 바랐다. 부동산 중개인이 표시해 놓은 곳에 이름을 적고 사인을 하는데 "아저씨는 안 와보셔도 돼요?"라는 질문이 그야말로 '훅' 들어왔다. 사인하던 손이 나도 모르게 멈칫, 해서 내 반응에 내가 당황했다.

갑자기 아저씨라니. 집을 구할 때 초등학교와의 거리, 내 직장 위치 등을 말한 적은 있었지만, 남편에 대해서는 단 한 번도 언급한 적이 없었다. 그래서 더 궁금해하는 걸까. 나는 이 질문에 뭐라고 대답해야 하나. 재빨리 머릿속을 뒤졌지만 적당한 말이 떠오르지 않았다. '그 아저씨랑 별거를 시작하려고요'가 가장 정답에 가까웠지만, 섣불리 말할 수가 없었다. 어디까지 솔직해져야 할까. 결국 내가 택한 건 거짓말이었다. "아~ 출장 중이어서 일단 제가 보고 계약하기로 했어요."

어색한 침묵이 흘렀고 나는 서둘러 사인을 마쳤다. 확신하건대, 부동산 중개인은 그 말을 믿지 않았으리라.

이런 상황은 전혀 상상해본 적이 없었다. 집 위치와 가격, 은행 대출 등을 신경 쓰느라 다른 사람들이 이 상황을 어떻게 생각할지 짐작조차 해본 적이 없었다. 게다가 내가 그토록 원해서 남편에게서 벗어나는 상황임에도 이런 현실을 솔직히 드러내는 게 왠지 망설여졌다. 남편의 부재를 드러내는 순간 예상치 못한 위협이 닥칠 것만 같은 불안감이, 내 안에 꽤 크게 자리 잡고 있다는 걸 깨달았다.

결혼 전 자취할 때의 기억도 떠올랐다. 당시 남자친구였던 남편의 신발 한 켤레를 가져다가 현관에 뒀었다. 배달원이 현관까지 들어와야 하는 상황이 생기면, 그 신발을 가장 잘 보이는 곳에 두고 세면대에 물을 콸콸 틀어놓은 채 화장실 문을 닫아놓고는 했었다. 나 외에 다른 '남자'가 집 안에 존재하는 것처럼 상황을 꾸몄다.

결혼 후에는 그런 불안에서 자유로웠다. 실제로 집 안에 남자가 있었으므로 자취하던 시절의 기억은 잊고 살았다. 나를 위협하는 건 집에 있는 남편이라는 존재였지, 외부인에게 위협당할 걱정은 하지 않았었다. 하지만 이제 나는, 다시 외부인을 경계해야 하는 상황에 놓였다. 내가 처한 현실이 달라졌음을 실감하는 순간이었다.

가구도 사야 했다. 남편과 함께 쓰던 식탁이나 침대 등을 모조리 가지고 나올 수는 없었다. 나와 아이가 함께 쓸 새 가구가 '새집'에 필요할 것 같았다. 인터넷에서 일일이 고르고, 집에서 배송받을 상황이 아니었기에 근처에 있는 가구점에서 한꺼번에 사기로 했다.

반차를 내고 평일 낮에 가구를 보러 갔다. 규모가 가장 큰 가구점에 들어가서 필요한 가구 목록을 직원에게 말했다. 취향이나 디자인을 생각하는 건 사치였기에 저렴하고 튼튼해 보이는 제품 위주로 가구를 골랐다. 가구값을 결제하려고 자리에 앉았을 때, 가구점 직원은 의도를 알 수 없는 말을 했다. "혼자 오셔서 결제까지 하는 분은 거의 없어서 안 사실 줄 알았어요." 이건 또 무슨 소리인가. 그의 말대로라면 대한민국 1인 가구 세대주들은 가구 없이 살거나, 그것도 아니면 가구가 필요할 때마다 아들, 손자, 며느리를 대동하고 가구점에 간다는 말인가. 아무리 생각해도 말의 의도를 파악할 수 없었다.

침대를 고를 때, 아주 잠깐 고민하는 모습을 보인 적은 있었다.

침대 헤드가 높은 제품이 있기에 '이걸 창 쪽에 붙이면 창문이 가려질까? 차라리 반대편으로 놓을까?' 고민했던 것이다. 새집의 여부도 모르는 가구점 직원에게 '우리 집에 방이 몇 개이고, 그중 안방은 남쪽에 창문이 있고, 그 창문의 높이는 몇 센티인데 이 침대 헤드가 창문을 가릴까요? 안 가릴까요?'를 물을 순 없지 않은가.

머릿속에 방의 구조를 떠올리며 침대 위치를 요리조리 배치하고 있는데 가구점 직원이 "남편분과 쓰실 거면 사진을 찍어서 보내보세요."라고 말했던 것도 기억났다. 나는 그 말에 뭐라고 답했던가. 남편은 지금 바쁘다고 둘러댔던가, 아무 말도 하지 않았던가. 잘 기억나지 않는다.

이번 역시 적당한 대답이 떠오르지 않아서 차라리 다른 얘기를 하는 편이 나을 것 같았다. "여기에 사인하면 되나요?" 물었고, 배송일 지정까지 정한 뒤엔 정말 끝났다, 고 생각했다. 굵직한 일들이 하나둘 마무리되자 마음이 홀가분했다.

서류를 살펴보던 직원이 "평일엔 좀 한가하신가 봐요?"라고 물어서 "아뇨, 한가하진 않은데 잠깐 반차 내고 왔어요. 주말에 아이 데리고 오면 정신없기도 하고."라며 '아이'의 존재를 굳이 강조했다. 가구점 직원은 다시 "그러시구나. 저는 평일에 한가해서요. 제가 배송은 잘 안 나가는데 이번에 배송 가면 커피 한 잔 주실래요?"라고 물었다. 커피? 무슨 커피를 달라는 걸까. '라면 먹고 갈래요?'의 최신 버전 같은 건가. 아니면 진짜 커피를 마시며 가구에 대한 깊이 있는 논의를 이어가자는 것일까.

평일 낮에 혼자 가구를 사러 온 여자, 평일 낮에 여러 개의 가구를 배송받을 여자. 가구점 직원은 '평일 낮'이라는 단서로 나를 어디까지 꿰뚫어 보는 걸까. 아니, 어쩌면 이 모든 상황을 내가 예민하게 받아들이는 걸지도. 만약 내게 남편이 있었더라면 직원의 말을 좀 더 심플하게 받아들였을까. 모든 생각과 감정이 뒤엉켜 혼란스러웠다. 그리고 그 상황이 몹시 불편했다.

어느 쪽이든 응하고 싶은 마음은 없었지만, 그 순간에도 나는 계약서에 적어둔 집 주소와 전화번호가 떠올라서 말을 조심할 수밖에 없었다. "아직 이사 전이라 커피 같은 건 없어요." 선을 긋되, 상대의 심기를 건드리지 않을 만한 대답을 골랐다.

가구점 직원이 어떤 의도로 그런 말을 했는지는 아직도 잘 모르겠다. 남편에게서 벗어날 궁리만 하던 나는 이런 상황에 대한 상상력이 부족했고, 어떻게 대처해야 할지 미처 준비하지 못했었다. 그래서 모든 것을 '위협'으로 느꼈던 건지도.

결혼이라는 성벽 안으로 들어가면서 잠시 잊고 살았던 성벽 밖 세상. 성벽 안에선 남편이라는 존재가 날 위협했지만, 성벽 밖에선 남편 외의 존재가 위협 요소가 될 수 있을 터. 나와 아이를 지키려면 정신을 바짝 차려야 했다.

남편을 남겨놓고 이사를 했다

"집 계약했어." 별거 이야기를 꺼낸 지 2~3주가 지난 시점. 이번엔 스스로 생각해도, 정말 일방적으로 통보한 느낌이었다. 겨울잠에 빠진 곰처럼 잠을 자면서 용기라도 충전한 것인지, 집을 계약했다고 이야기할 때는 망설임도 없었다. 때린다면 맞아버리겠다거나 설마 몇 대 맞는다고 죽기야 하겠어? 라는 각오까지 하고 있었다. 이 무렵엔 '내가 원래 이렇게 강한 인간이었나?' 의아할 만큼 스스로가 조금 낯설기도 했다.

나는 '별거를 원합니다'와 '집을 계약했습니다'라는 말이 같은 카테고리에 있다고 생각했다. 별거하자고 말한 사람이 집을 계약했다는 건, 내 기준에선 당연한 수순이었으니까. 하지만 남편 입장은 달랐다. 갑작스럽게 별거 이야기를 꺼내더니, 몇 주 지나 집 계약까지 통보하는 건 '다른 이유'가 있다고 생각하는 것 같았다. 남편은 "집을 계약할 정도의 큰돈이 갑자기 생길 리 없다. 다른 남자를 만났고, 그 남자가 집을 구해준 거 아니냐." 등을 이야기했다. 기가 막혔다. 그런 남편에게 "덕분에 남자라는 존재에 완전히 질려버렸다. 애까지 있는 나에게 집을 해주는 남자라니! 그런 사회봉사자가 세상에 있겠냐."며 맞섰다. 길고 긴 언쟁 끝에 결국 남편의 요구대로 집 계약서에 적힌 내 이름을 보여주는 것으로 상황은 일단락됐다.

이사가 결정되자 여러 가지 상황도 조율해야 했다. 나는 '이사한 집을 당신에게 알려주고 싶지 않다, 이사는 혼자서 하겠다, 아이에게 별거 상황을 솔직히 말하자'고 주장했고, 남편은 '이사한 집은 당연히 알아야 한다, 이사를 돕겠다, 아이에게는 아빠 사업이 바빠져서 집에 자주 못 오는 걸로 하자'고 주장했다. 매일매일 길고 긴 대화가 이어졌다. 남편 입장에선 이 모든 상황이 갑작스러울 터. 내 의견만을 피력하는 것도 너무한가, 싶어서 결국 내가 한발 물러서기로 했다.

그렇게 내린 결론은 남편이 이사를 돕기로 하고, 자연스레 이사한 집도 알게 되고, 아이에게는 아빠의 일이 바빠졌다고 설명하기로 했다. 한발은 무슨, 결국엔 남편이 요구한 대로 일이 진행됐다. 그 대신 나는 '미리 연락하지 않고 이사한 집에 찾아오지 말 것'을 주장했고, 남편은 받아들였다.

　이삿날. 이 상황을 시댁에 알리지 않을 방법이 없었다. 시어머니는 짐 정리가 어느 정도 마무리될 때까지 아이를 돌봐주시겠다고 하셨다. 그런 것까지 먼저 부탁드릴 염치는 또 없었기에, 먼저 이야기를 꺼내주신 배려에 감사함도 느꼈다. 시아버지는 이삿짐을 나르는 내내 곁에서 지켜보시며 끝도 없이 담배를 태우셨다. 두 분의 마음을 감히 짐작하기 어려웠다. 집을 박차고 나가는 며느리는 시부모님을 똑바로 바라보기가 어려워 고개를 숙인 채 짐을 날랐다. 남편과 나 그리고 아이까지, 세 사람이 살던 집에 남편의 짐만 남겨두고 나머지 짐을 챙겼다. 이삿짐 업체 직원들이 "어머, 남편만 두고 나가시나 봐요." 같은 말을 할까 봐 걱정스러웠지만, 그분들 역시 연륜으로 모든 상황을 짐작한 것인지 아무것도 묻지 않았다. "이 짐은 두면 되는 거죠?"라고 묻는 것들은 모두 남편의 물건이었다.
　나는 아이와 생활할 때 필요한 물건들을 모두 챙겨야 했다. 새로 마련할 돈도 없었다. 결혼할 때 친정 오빠가 사준 TV, 내가 산 냉장고 등을 나는 악착같이 챙겼다. "달라진 모습을 보여줄게."라던 남편은, 혼자서는 어떻게든 살 수 있다며 필요한 건 다 챙겨가라고 말했다. '아무것도 없이 어떻게 살 건데?' 묻고 싶었지만, 그저 눈을 질끈 감았다. 결혼할 때 친구가 선물로 준 밥솥과 당장 필요할 그릇과 수저와 냄비를 남겨두는 것 정도가 할 수 있는 최선이었다.

이삿짐 업체가 휩쓸고 간, 남편의 짐만 남아버린 집은 그야말로 엉망진창이었다. 내 옷을 걸어두던 공간은 텅 비었고, 아이가 어릴 때 가지고 놀던 장난감이 뒹굴어 다녔고, 짐을 옮길 공간을 마련하느라 가구 등은 제 자리를 잃고 한쪽으로 밀려나 있었다. 이걸 다 정리하려면 이사한 사람만큼 고생을 해야 할 것 같았다.

남편 때문에 힘든 날을 보냈고, 그날들이 쌓여 오늘의 결과를 가져왔음에도 난장판이 된 집을 보자 그 와중에 미안한 마음이 들었다. 정말 나는, 구제 불능 미련곰탱이구나, 라고 생각했다.

함께 7년여를 살았던 남편의 집, 시댁이라고 하는 편이 맞을 것도 같은, 아무튼 그런 남편의 집과 시댁을 뒤로 하고 차에 올랐다.

약속대로 남편은 열심히 이사를 도왔다. 인정하기 싫었지만, 힘이 센 '남자'라는 존재와 부재에 대해 다시 한번 생각하게 됐다. 이 사람이 없었다면 나 혼자 이걸 할 수 있었을까. 어떻게든 해내기야 했

남편을 남겨놓고 이사를 했다

겠지만, 남편이 도와주니 정리가 훨씬 빨랐던 것은 사실이었다.

분주한 시간이 지나고 이삿짐 업체 직원들이 돌아갈 준비를 할 때, 나는 그분들의 바짓가랑이라도 붙잡고 싶었다. '조금만 더 있다 가시면 안 될까요? 저 사람이랑 저만 남겨두고 가지 마세요. 제발요' 라고 말하고 싶은 걸 겨우 참아냈다.

결국엔 남편과 나, 단둘만 이사한 집에 남겨졌다. 아이 없이 단둘이, 한 공간에 있었던 적이 언제였던가. 이상하고 낯선 기분이었다. 적막한 분위기 속에서 남편은 TV를 설치하고 나는 새 침대에 새 이불을 펼쳤다. "뭐 좀 먹고, 애 데리러 갈까?" 남편이 물었고, 나는 고개를 끄덕였다. "이삿날엔 짜장면 먹는 거 아니야?" 내가 물었고, 남편은 뭐든 먹고 싶은 걸 시키라고 말했다.

새 식탁에 마주 앉아 밥을 먹었다. 둘이 마주 보며 밥을 먹는 건 또 얼마 만인지. 그와 함께 식탁에 앉는 것조차 불편해서 밥도 따로 먹으려 애썼던 결혼생활이었다. 밥을 먹으며 앞으로의 생활에 대한 이런저런 이야기를 '평온하게' 나누기까지 했다. 공간이 달라져서일까. 평소에 느꼈던 불편함과 두려움도 거의 느껴지지 않았다. 심지어 마주 보며 웃기도 했다. 마치 연애 시절로 돌아간 듯. 별거를 시작한 건지, 과거로 시간여행을 온 건지 헷갈릴 정도였다.

짐 정리를 대강 끝내고 시댁에서 아이를 데려왔다. 남편이 아이를 재우고 가겠다고 말했다. 아이와 남편을 방에 들여보내고, 낯선 거실에 우두커니 앉아 구석구석 바라보고 있자니 참 새삼스러웠다. 이곳이 '아이와 나' 둘만의 보금자리가 될 터였다. 잠시 후 남편이 방에서 나왔고, 문단속 잘하라는 말을 남기고 집을 나섰다. 닫힌 현관문을 바라보며, 또 대화가 이어질까 염려하던 마음을 비로소 내려놓을 수 있었다.

남편이 떠난 뒤 가장 먼저 한 일은 문이란 문은 모두 잠그는 것이었다. 현관문을 잠그고, 활짝 열어뒀던 창문도 몽땅 잠가버렸다. 그리고 아이 곁에 누웠을 때 떠오른 건 남편의 얼굴이었다. 남편은 뭘 하고 있을까. 난장판이 된 집에 혼자 남은 남편이 어떤 상태일지 상상해보려 애썼다. 새삼 화가 나진 않을까, 갑자기 화를 내며 쳐들어오면 어떡하지…. 거기까지 생각이 미치자 가만히 누워있을 수가 없었다. 벌떡 일어나 꽁꽁 잠가놓은 문들을 또 확인했다. 그리고 다시 침대에 누웠지만, 당연하게도 잠은 오지 않았다.

혹시 있을지 모르는 침입자의 존재도, 남편의 존재도 모두 위협적이긴 마찬가지였다. 아직 일어나지도 않은 위협을 떠올리다 보니, 이제는 정말 거대한 세상을 나 홀로 헤쳐가야 한다는 사실을 실감

남편을 남겨놓고 이사를 했다

할 수 있었다. 나는 전투력이 없는 인간인데, 내 곁에 있는 꼬맹이를 어떻게 지킨담. 막연함, 불안함, 걱정이 밀려왔지만 그럴수록 마음을 다잡았다. 이제부터 아이에게 무슨 일이 생기면 모두 내 책임이다, 이런 일을 벌인 건 나다, 잘 해내야 한다, 약해지지 말자, 더 강해져야 한다, 고 다짐하고 다짐했다.

이사 첫날, 새벽이 다가오고 있었지만 쉽게 잠들 수는 없었다.

별거 없는 별거 생활

별거 1일 차. 늦은 아침에 눈을 떴을 땐 어리둥절했다. 사방이 지나치리만큼 밝았다. 아아, 온갖 스트레스에 시달리며 살다가 결국 천국에 와버린 건가, 싶던 찰나에 아이 목소리가 들렸다. "엄마, 눈 부셔." 블라인드도 달지 못한 창문으로 햇빛이 쏟아지고 있었다. 새삼스러웠다. 햇빛이 들면 눈부시다는 것, 그런 이유로 잠에서 깰 수도 있다는 것. 아주 당연한 것임에도 그 상황이 낯설었다. 남편과 살던 집은 햇빛이 잘 들지 않았기에, 햇빛 때문에 잠에서 깰 수도 있다는 걸 '체험'하며 별거 첫날을 시작했다.

특별한 것은 없었다. 아이와 함께 놀다가 짐 정리를 하다가 때가 되면 밥을 먹는 단조로운 일상. 그럼에도, 매 순간 모든 행동을 하면서 '와, 좋다!'라는 말이 절로 나왔다. 혹시나 하는 마음에 이 방 저 방을 살펴봤지만, 어디에도 남편이 없었다. 와! 좋다.

남편을 남겨놓고 이사를 했다

동요를 크게 틀어놓고 아이와 놀았다. 남편이 깰까 봐 숨죽일 필요도, 언제 어떤 이유로 꼬투리 잡힐지 몰라 눈치 볼 필요도 없었다. 청소기도 마음껏 돌릴 수 있었다. 집이란 이토록 편한 곳이구나, 집이란 이토록 신나는 곳이구나, 와! 좋다. 감탄이 마구 쏟아져 나왔다. 집 안 구석구석이 잘 보이도록 모든 방문을 열어 놨다. 구석구석 어디에도 남편은 없었다. 와! 좋다.

갑자기 어디선가 나타나 나를 혼낼 누군가가 없다는 것. 그 사실이 내 마음을 이토록 편안하게 할 줄은 정말 몰랐었다. 와, 좋다! 정말 좋다.

나와 아이의 일과는 크게 달라진 것이 없었다. 아침에 일어나서 출근 준비, 아이를 깨워서 등원 준비. 함께 집에서 나와 아이를 유치원에 데려다주고 회사로 출근. 각자의 하루를 보낸 후 귀가.

유일하게 바뀐 게 있다면 퇴근 시간이었다. 별거 전에는 아이의 하원을 남편이 맡았기에, 나는 퇴근 후 장을 봐서 집으로 가면 됐었다. 하지만 이제부터 아이의 하원도 내가 맡아야 했다. 아이는 학원차를 타고 회사 근처로 왔다. 하원 코스 중 회사와 가장 가까운 곳은 도보 15분 거리. 6시에 퇴근 후 그곳에서 아이를 만나 함께 집으로 돌아오면 끝.

딱 하나 문제가 있었다면 학원차가 도착하는 시간이었다. 6시 8분쯤 학원차가 도착했고, 그 시간 안에 내가 도착하지 못하면 학원차도 아이도 하염없이 나를 기다려야 했다. 지도상 15분 거리를 8분으로 단축하는 게 나의 미션이었다.

이럴 때 필요한 건? 1. 달리기, 2. 달리기, 3. 달리기였다. 자랑은 아니지만, 나는 인생을 통틀어서 단 한 번도 숨 가쁘게 달려본 적이 없다. 나는 운동을 싫어하고 달리기는 더 싫어해서 학창 시절에도 깜지 백 장 쓸래? 운동장 두 바퀴 뛸래? 물으면 깜지 쓰는 쪽을 택했었다. 이런 나였지만 이제는 달려야 했다.

5시 55분이 되면 조용히 가방을 쌌다. 그러고는 발끝을 빙빙 돌리며 다리 스트레칭을 했다. 달리는 도중에 쥐라도 나서 주저앉지 않도록. 은밀하게 포인, 플렉스, 포인, 플렉스. 5시 58분에 가방을 둘러매고, 59분에 컴퓨터를 끄고, 6시 정각에 용수철처럼 일어나 "먼저 퇴근하겠습니다." 외치고 달리기 시작했다. 쌓고 쌓아 13년을 쌓은 연차, 정시 퇴근에 입을 댈 사람은 없었다. 그리고 매일 같이 꽤 진지한 표정으로 달려 나갔기에, 다들 '일이 있나 보다' 생각하는 분위기였다. 누군가 붙잡았다 한들, 순순히 잡혀줄 만한 상황도 아니었다.

며칠 동안은 그야말로 '죽을 맛'이었다. 남들에겐 고작 8분일지 몰라도 나에겐 '걷기와 숨쉬기'를 제외한 세상의 모든 운동이 큰 도전이었다. 폐든 심장이든 뭐든 하나는 터질 것만 같은 느낌이 몹시 괴로웠지만, 학원차에서 나만 기다리고 있을 아이와 선생님을 생각하면 달릴 수밖에 없었다. 내가 어떤 표정으로 달리는지, 사람들이 나를 어떻게 쳐다보는지 신경 쓸 겨를도 없었다.

　'엄마란 참 대단한 존재로군' 생각하며 매일매일 달리다 보니 어느 순간부터 학원차보다 내가 먼저 도착하는 날도 있었다. 역시, 나란 인간은 내가 짐작하는 것보다 훨씬 강할지도 모른다고 생각했다. 그렇게 만난 아이와 집으로 돌아오다가 편의점에 들러 과자를 사거나, 김밥이나 닭강정 같은 저녁거리를 사거나, 다이소 앞에서 장난감을 두고 실랑이를 벌이기도 했다. 평화롭고 안온한 날들이었다.

　우리의 일상에서 크게 달라진 점을 딱 하나 꼽으라면, 집에 온갖 상비약을 갖춰두기 시작했다는 것. 미열 정도에 해열제를 먹는 일은 살면서 단 한 번도 없었다. 소화가 안 되면 음식을 더 먹어서 밀어

낼지언정 소화제 같은 걸 챙겨 먹진 않았다. 하지만 이사 이후엔 미열이 오르는 '기미'만 보여도 해열제를 챙겨 먹었다. 소화가 안 되는 '느낌'만 나도 소화제를 삼키며 컨디션을 체크했다. 내가 아프면 아이를 돌볼 사람이 없다는 자각은 절대로 아프면 안 된다는 경각심을 줬고, 피곤한 상황을 만들지 않으려고 스스로 일정을 더 꼼꼼히 챙겼다.

아이에게 119에 신고하는 방법도 가르쳤다. 약간의 빈혈이 있긴 했지만, 어느 주말 아침 현기증 때문에 주저앉은 후 문득 공포심을 느꼈다. 이 집에서 나한테 무슨 일이 생기면 아이는 어쩌지, 빈혈이 아니라 심장마비 같은 비극적인 일이 일어날 수도 있잖아. 그럼, 아이는 누구에게 도움을 청해야 하지? 그럴 땐 119에 신고하라고 가르치자, 는 결론이 났다. 아이를 불러 앉히고 진지하게 말을 꺼냈다.

"이제부터 응급상황을 연습해볼 거야."

"왜?"

"너랑 엄마랑 둘이 있을 때, 엄마가 갑자기 아프거나 쓰러지면 네가 신고해야지."

"엄마 어디 아파?"

"아니, 만약에. 만약에 그런 일이 벌어지면 엄마 핸드폰으로…."

"안 아픈데 왜 신고해?"

"……."

아무튼 나는 열심히 가르쳤고, 가르친 것에 의의를 두기로 했다. 비상 상황이야 없으면 좋은 거고, 아무튼 나는 가르쳤으니 혹시라도 상황이 닥치면 기억이라도 하겠지, 믿어버리기로 했다.

남편의 빈자리는 놀라우리만큼 '전혀' 느껴지지 않았다. 아니, 남편의 빈자리, 남편의 부재를 실감할 때마다 나는 '찐'으로 감탄사를 내뱉었다. 와, 좋다! 세상에, 너무 좋아.

내 상황을 잘 아는 친구는 '그래도 힘들지 않냐'고 가끔 물었지만, 전혀 힘들지 않았다. 별거 전에도 혼자 감당하는 것이 많은 삶이었다. 그 삶에서 무서운 사람은 사라지고 자유까지 얻은 지금이 힘들 리가.

하루를 마치고 아이 곁에 누워있을 때면, 이 상황이 꿈은 아닌지 생각하게 된다. 불안함 없는 일상, 그 일상이 무탈하게 굴러가고 있다는 안정감. 그 안정감이 나를 쉬게 하고 내일을 살아갈 힘을 준다는 것을 절감하는 날들이었다. 그래서 더욱, 나의 일상을 지켜내고야 말겠다는 다짐도 하게 된다. 앞으로의 삶은 어떻게 흘러갈까.

모든 것이 안정적이었다. 일주일에 하루 내가 야근하는 날엔 남편이 아이를 데려가 보살폈고 나머지 날은 나와 아이가 새집에서 시간을 보냈다. 나도 아이도 남편도 그 생활에 조금씩 적응해 가고 있었다. 영원할 것 같던 평화는 코로나19가 시작되며 산산이 깨져 버렸다.

이사를 한 건 2019년 11월. 2020년 2월이 되자 코로나 확진자가 쏟아져 나왔다. 별거 전 "야근하는 날만 빼고 내가 알아서 돌볼게."라며 큰소리쳤던 패기를 접을 수밖에 없었다. 유치원도 학원도 모조리 문을 닫았다. 아이를 맡길 곳은 없었지만, 나는 회사에 가야 했다.

해결책이 없었기에 남편과 일정을 조율했다. 현실적으로 가능한 방안을 찾고 찾다가 주 2.5일 근무하는 일정으로 시간표를 짰다. 코로나 시국, 모두가 혼란스러운 상황이었기에 이런 근무가 가능했으리라. 남은 연차를 모두 끌어오고 정부에서 지원하는 가족돌봄휴가와 법적으로 가능한 모든 휴가를 쓰며 2.5일을 맞춰냈다.

월, 화, 수요일 오전까지 남편이 아이를 돌봤고, 수요일 오후 반차를 시작으로 목, 금, 토, 일요일은 내가 집에서 일하며 아이를 돌봤다. 일주일에 단 하루쯤 잠자리가 바뀌는 건 그럴 수도 있다고 생각했지만, 이런 식으로 떠돌듯 생활하는 아이를 보니 참 못 할 짓이라는 생각도 들었다.

조금만 지나면 상황이 좋아지겠지, 생각했다. 그러길 바랐고 그렇게 되리라 믿었다. 하지만 상황은 점점 더 악화할 뿐이었다. 매주 일정을 조율해야 했기에 남편과 연락하는 횟수도 늘어났고, 아이를 데려다주는 길에 남편이 집 안으로 들어오는 횟수도 점점 늘어갔다. 이러려고 별거를 한 게 아닌데, 불편하고 불편한 이 상황을 해결할 방법을 도무지 찾을 수가 없었다.

그런 날들이 두세 달 이어지자, 남편은 단계적 합가(?)를 주장하기 시작했다. "네 회사 일정에 맞춰 양육을 전적으로 돕고 있으니,

일주일에 두세 번 정도는 이사한 집에서 '가족과 함께' 자겠다."는 것이 남편의 주장이었다. 당장 같이 살자는 것도 아니고, 일주일에 두세 번인데 그걸 왜 이해하지 못하냐며 목소리를 높이기도 했다.

별거 한 지 반년도 안 된 시점. 일상의 평온함을 한껏 누리고 있던 날들이었기에 당연히 결사반대를 외쳤다. 남편이 내 집에서 자고 간다는 말은 '진돗개 하나'가 발령된 것과 똑같았다. '적이 침투했으니 즉시 경계 태세를 강화하시오. 왜애애앵' 곧 들이닥칠 위협에 모든 문을 꼭꼭 걸어 잠그고 피신하고 싶었지만, 내가 아이를 온전히 돌볼 수도 없는 상황이었기에 이도 저도 못 하는 꼴이었다.

그럼에도 내가 '절대 안 돼'를 고수하자 남편은 '단계적 합가를 안 하면 애를 못 봐준다'라는 초강수를 뒀다. 남편이 아이를 돌봐주지 않으면 아이를 맡길 곳이 '정말' 없었다. 나는 생각할 시간을 달라고 부탁하며 한발 물러설 수밖에 없었다. 조금이라도 시간을 끌며 코로나가 종식되기만을 간절히, 간절히 바랐다.

근무 시간을 절반으로 줄인 회사 일도 그야말로 개판 오 분 전이었다. 출근한 날에는 단거리 선수처럼 숨을 몰아쉬며 쌓여있는 일들을 급하게 해치웠다. 출근하지 않는 날에는 아이와 함께 '온라인 개학'이라는 낯선 상황을 겪으며 허둥댔다. 어떻게든 일상은 굴러가고 있었지만, 하루하루가 위태로웠다.

그 와중에 남편은 꾸준히 같은 주장을 펼쳤다. 그놈의 합가에 대해 내가 오케이 할 때까지 한두 시간씩 대화를 이어갔다. 아아, 그놈의 대화. 죽지도 않고 또 오는 불멸의 각설이처럼, 불멸의 대화 타임이 나를 끈질기게 괴롭혔다. 별거 이후 잠시 잊고 지냈던 숨 막히는 상황, 그 모든 순간이 다시 찾아오는 듯했다.

그리고 요양병원에 입원 중이던 아버지가 돌아가셨다. 2020년 6월이었다. 별거 중이었으나 여전히 우리는 법적으로 부부였으므로 남편은 상주(喪主)가 됐다. 지금 생각해봐도 그는 상주로서 최선을 다했었다. 하지만 미안하게도 꾸준히 불편했다.

장례식 기간 내내 남편을 만나야 했고, 하루 종일 얼굴을 봐야 했다. 돌아가신 아버지에게 꼴사나운 모습은 보이고 싶지 않았으나, 우리는 어김없이 다퉜다.

별거 시작 때부터 '다른 남자' 이야기를 꺼냈던 그는, 조문하러 와 준 회사 남자 동료'들'과의 관계를 의심하기 시작했다. 나와 같은 회사에 다니는 남자들 '모두'가 용의선상에 올랐다. 그들도 이상형이란 게 있을 테고, 나도 취향이란 게 있을 텐데 어찌 됐든 '모든 남자 사람'이 의심 대상이었다.

남편은 삼우제 때부터 내 핸드폰을 뒤져 카톡으로 보낸 커피 기프티콘이나 송금 내역 등을 일일이 찾아내 따져 묻기 시작했다. "이 돈은 왜 보낸 건데?" "이 커피는 왜 보낸 건데?" 대화는 질문으로, 질문은 추궁으로 변해갔다.

안타깝게도 수개월 전에 오고 간 입금이나 기프티콘 내역을 일일이 기억할 능력이 내겐 없었다. 입금은 밥값일 테고, 기프티콘은 뭔가 고마운 일이 있었나보다, 생각했었다. 불규칙한 근무를 이어가고 있었으니 동료에게 신세 질 일도 있었을 터. 너무 사소한 것들이어서 일일이 기억할 필요도, 진지하게 추적할 일도 아니었다.

송금내역을 하나하나 짚으며 점심시간에 모텔에 갔다가 모텔비를 보낸 게 아니냐고 묻는 사람에게 무어라 대꾸해야 할까. 남편의 상상력에 그저 헛웃음이 났다. 모텔에 가지 않았다는 증거를 가져오라는 남편의 말에 기가 막혀 웃다가도 진지하게 화를 내는 사람과 마주하고 있으면 아아, 이 사람 진심이구나 싶어서 점점 정신을 차리기가 어려웠다. 10여 년을 알고 지낸 남편이 생전 처음 보는 사람처럼 느껴졌다.

이 인간은 정말 끝까지 나를 모르는구나, 싶었다. 내가 어떻게 살았는지 곁에서 지켜봐 온 사람이 아니었던가. 내가 얼마나 허덕이며 긴 시간을 버텼는지 뻔히 보고도 어떻게 그런 생각을, 그런 말을 할 수 있을까. 나라는 인간을 조금이라도 알 것이라 생각했는데 순전히 내 착각이었음을 절절히 깨달았다.

그 무렵, 이따금 이명이 찾아왔다. 머릿속에서 자꾸만 경고음이 울렸다. 삐- 잊을 만하면 또 삐-. 그날 역시 답도 없는 이야기를 듣던 중이었다. 이사한 집, 아이도 있는 상황에서 남편은 얘기 좀 하자며 나를 앉혔다. 아아, 대화 타임. 또 시작이었다. 대화를 거부하면 큰소리칠 게 뻔했으므로 일단 자리에 앉았다.

이성과 논리가 사라진 남편의 주장이 한동안 이어졌다. 저절로 한숨이 나왔다. 한숨이라도 좀 쉬려는데 갑자기 숨이 막혔다. 콧구멍을 크게 벌리고 숨을 힘껏 들이쉬는데 폐 속으로 공기가 들어오지 않는 느낌이랄까. 다시 한번 숨을 깊게, 깊게 들이마시는데 눈앞이 하얘지더니 그대로 블랙아웃.

정신을 차렸을 땐 바닥에 누운 채였다. 숨이 막혀 컥컥대던 나를 보며 '쇼하지 말라'고 일갈하던 남편도 내 몸을 주무르고 있었다. 그 당시 내게 몸을 움직일 힘이 있었다면 가장 먼저 남편을 밀쳐냈으리라. 저리 가! 소리치고 싶었지만, 정말이지 아무것도 할 수가 없었다. 어느 정도 시간이 지나자 다행히 몸은 회복됐지만, 내 것이 아닌 듯 싸늘했던 손과 발과 혀의 느낌. 찌르르 전기가 통하듯 피가 돌기 시작하던 서늘한 느낌은 평생 잊을 수 없는 것이었다.

이날 이후, 남편을 대할 때면 몸이 먼저 반응했다. 한 날은 마트에서 장을 보다가 남편의 전화를 받았다. 남편은 평소와 다름없이 '어디냐'고 물었고 나는 그 자리에서 눈물을 철철 흘리며 쌍욕을 내질렀다. 나조차도 예상하지 못한 전개였다. 남편이 무슨 말을 했는지는 기억나지 않는다. 그런 건 중요하지도 않았다. 한바탕 욕을 해대고 전화를 끊자마자 거짓말처럼 평온이 찾아왔다. 습습 후후, 습습 후후. 천천히 숨을 고른 후에야 주변 상황이 눈에 들어왔다. 깜짝 놀라 나를 바라보는 사람들, 내 눈치를 살피며 슬금슬금 자리를 피하는 사람들. 이날의 기억 역시 평생 잊을 수 없는 사건으로 남았다.

이 무렵 남편은 어떤 식으로든 별거의 이유를 찾고 있었다. 당신과는 대화가 안 통해, 당신이 화낼 때 너무 무서워, 나 혼자 집안 경제를 책임지는 게 버거워, 혼자 하는 집안일도 벅차 등. 백만 스물한 개의 이유를 말해도 남편은 계속 다른 대답을 원했다. 마치 듣고 싶은 말이 정해져 있는 사람처럼, 집요하게 '나와 외도'를 한 세트로 묶었다.

그게 남편의 방식이었다. 아이 양육 문제를 볼모로 협박하고, 말도 안 되는 꼬투리를 잡아서 달달 볶으면 결국엔 내가 두손 두발 들고 '합가, 오케이'를 말할 줄 알았겠지. 미숙한 방법이었지만 남편은 그렇게라도 해서 조각난 가정을 되돌리고 싶어 했다.

별거 중에도 남편을 집에 들일 수밖에 없었던 이유, 별거 중에도 아버지 장례식의 상주로 세울 수밖에 없었던 이유, 말도 안 되는 의심을 받으면서도 그저 가슴을 칠 수밖에 없었던 이유는 남편의 말 때문이었다.

"내가 니 남편이야." "남편을 이렇게 대하면 안 되지."

저 말은 나를 무력하게 만드는 동시에, 결국 이혼을 결심하게 만든 말이기도 했다. 그와 법적으로 엮여있는 한 내 인생이 제대로 굴러갈 리 없겠다고 생각했다.

그가 더 이상 내 인생에 끼어들 수 없게 만들어야 했다. 그래서 나는 이혼을 결심했다.

월요일 오전 9시, 길 위에서

1년간 육아휴직을 신청했다. 회사에 다니면 아이를 남편에게 보낼 수밖에 없었고, 그렇게 되면 남편을 자주 봐야 했다. 코로나 확진자 수에 따라 온오프라인을 넘나드는 아이 학교 상황 역시 결심에 힘을 보탰다. 그리고 무엇보다 내 상태가 몹시 위태롭다는 게 느껴졌다.

회사나 길에서 조금만 큰소리가 나도 심장이 빠르게 뛰었다. 심장이 뛰기 시작하면 호흡이 가빠지고 정신이 아득해지면서 그대로 일시 정지. 평범했던 일상마저 조금씩 버거워지던 시기였다.

휴직 동안 생활비는 아버지가 돌아가신 덕분에 쥐게 된 부의금을 보태 해결했다. 돌아가신 '덕분에'라니. 참 불편하고 죄스러운 말이지만 아버지가 돌아가신 덕분에 돈이 생겼고, 아버지가 돌아가신 덕분에 휴직도 할 수 있었다. 지금 생각해도 그 돈이 없었다면 휴직은 꿈도 꾸지 못했다. 별거 과정에서 써버린 카드값과 아이와의 생활비 등을 빠듯하게 감당하던 시기였으므로 위태롭게 버티며 회사에 다녔을 터. 그리고 또 하나, 아버지가 돌아가신 덕분에 이혼 전문 변호사를 찾아갈 수 있었다. 돈이 있어야 변호사도 살 수 있으니까. 비참하지만, 이게 내가 처한 현실이었다.

협의이혼은 불가능할 게 뻔했으므로 처음부터 고려하지도 않았다. 별거도 못 받아들이는 남편에게 이혼을 요구하면 어떤 표정을 지을까. 게다가 별거 기간 내내 '이혼만은 절대 안 돼'를 주장하던 남편이었다. 소송 말고 다른 방법은 없었다.

소송을 하려면 변호사가 필요했다. 간혹 변호사 없이 홀로 소송을 진행하는 사람도 있다고 인터넷에서 본 적이 있었지만, 내가 그 방법을 택하기엔 리스크가 너무 컸다. 그러다가 기각이라도 나오면 그 다음 대안이 없었다. 전문가에게 맡기는 편이 여러모로 나아 보였다.

이 무렵 깨달았던 건 변호사 사무실이 정말, 정말, 정말 많다는 사실이었다. 전국으로 갈 것도 없이, 내가 사는 지역으로 범위를 좁혀도 엄청난 숫자의 변호사 사무실이 있었다. 와, 공부 잘하는 사람이 이렇게 많았다고? 놀라울 따름이었다. 그중에서 한군데를 고르는 것도 일이었다. 나와 내 아이의 인생이 달렸는데 신중해야 했다. 나를 승소로 이끌어줄 변호사가 절실히 필요했다.

30분에 오만 원이라는 큰돈을 내면서 상담 투어(?)를 다녔다. 처음엔 많이 다녀보면 더 좋은 사람을 고르는 안목이 생기지 않을까, 생각했었다. 누군가가 명확하게 '이 소송 승소할 수 있습니다'라고 확답해주길 바랐다. 하지만 대여섯 군데를 돌아다닌 결과, 변호사마다 하는 말이 달랐다. 어떤 변호사는 이 정도 사유로는 이혼이 어렵다고 했고, 또 어떤 변호사는 높은 확률로 승소할 수 있다고 말했다.

상담을 통해 한 가지 확실히 알 수 있었던 건, 이혼은 결국 판사의 판단에 맡겨지는, 그러니까 정답이 없는 싸움이라는 것이었다. 특히 법이 정해 놓은 유책 사유(도박, 외도, 폭행)가 우리 둘 모두에게 없었으므로 더욱더 결과를 예측할 수 없었다. 결국, 내 이야기를 판사에게 잘 전해줄 변호사를 찾는 게 최선이라고 생각했다. 이야기를 잘 전하려면, 전달하려는 이야기를 잘 들어야 할 터. 마음이 가는 변호사가 한 명 있었다.

후줄근한 몰골로 질질 울며 말하는 나를 담담하게 다독이던, 깔끔한 정장을 입고 명확한 어조로 말하던, 적당히 단호하되 필요한 순간 다정함을 나눠주던 조미현 변호사였다.

전화로 약속을 잡고 사무실에 방문한 때는 월요일 오전 9시였다.

남편을 남겨놓고 이사를 했다

어떤 '새로운 일'이 벌어지기 딱 좋은 시간. 탁자를 사이에 두고 변호사와 마주 앉았다. 탁자 위엔 앞으로 벌어질 사건의 신호탄이 될 서류가 놓여 있었다. 진짜 시작이 시작되었음을 직감했다. 부디 이 계약서가 나의 레테의 강이 되어주기를. 과거의 기억을 모두 지우고 살아갈 수 있게 마법을 부려주기를.

마음을 정하고 왔음에도 "계약서 쓰시겠어요?"라는 변호사의 말에 섣불리 대답할 수가 없었다. 서류에 사인하는 순간 모든 일을 되돌릴 수 없을 터. 게다가 '계약서'라는 단어에도 묘한 거부감이 들었다. 이혼이라는 일생일대의 사건과 '계약'이라는 단어가 안 어울린다고 해야 할까. 그렇다고 아아, 하루만 더 생각하고 내일 다시 올게요, 할 마음도 없었기에 "네"라고 대답했다.

변호사는 내가 사인해야 할 곳에 형광펜으로 동그라미를 쳐주었다. '사건위임계약서'는 고작 4장, '사건명 : 이혼'이라는 단어도 그제야 제대로 눈에 들어왔다. 이혼하려고 변호사 사무실까지 온 마당에 이 단어를 보고 놀란다는 게 새삼 놀라웠지만, 막상 활자화된 '이혼'이라는 단어를 보자 만감이 교차했다.

'당사자' 란에 이름을 쓰다가, 성도 미처 다 쓰기 전에 눈물이 고였다. 이름 중간 글자를 쓸 땐 종이 위로 눈물이 후드득 떨어졌다. 젠장. 종이 위로 동그랗게 퍼지는 그 자국을 나는 모르는 체했다. 내가 저지른 일이 아니라는 듯이. 마지막 한 자를 쓸 때쯤엔 손이 떨리는 느낌마저 들었다. 짧은 인생을 돌아보건대, 가장 강렬한 이름 쓰기의 순간이었다.

진심으로 나는, 그 자리에서만큼은 울고 싶지 않았다. 무려 440만 원짜리 계약서를 쓰는 갑이자 당사자답게 화끈한 모습으로 사인을 휘갈기고 싶었다. 그런 포부와 다르게 눈치 없이 터져 나온 눈물을 들키지 않으려 고개를 한껏 숙였다.

'당사자' 란 옆 '상대방' 란에 변호사가 써둔 남편의 이름 석 자가 보였다. 그 이름을 노려보며 '이게 다 너 때문이야' 원망하다가 '이렇게까지 하는 나는 과연 옳은가?'라는 생각도 들었다. 이렇게 처참하게, 일면식도 없는 사람에게 우리의 끝을 위임까지 해야 하는 사이가 되었구나. 우리는 어쩌다 이렇게까지 되어버렸을까.

구청을 찾아가 혼인신고를 하던 때가 떠올랐다. 늦은 오후, 구청에 가서 마감 시간에 쫓기며 혼인신고를 했더랬다. 남편이 펜을 잡았고, 내 인적 사항을 막힘없이 써 내려가는 그를 보며 우리가 참

남편을 남겨놓고 이사를 했다

많은 것을 나누었구나, 생각했었다. 앞으로 더 많은 것을 나누겠지, 한 톨의 의심도 없이 평생 함께일 거라 믿었더랬다.

우리의 끝이 이렇게 될 줄 알았더라면 그렇게나 깔깔거리며 종이를 채워갈 수 있었을까. "이것만 쓰면 돼? 혼인신고가 이렇게 간단해?"하며 서류를 접수하고, 그 순간을 기념한다며 무려 사진까지 찍고 나왔던가.

과거의 남편은 우리의 시작을 알리기 위한 혼인신고서를 작성하고, 현재의 나는 우리의 끝을 바라는 계약서를 쓰고 있자니 마음이 혼란스러웠다. 그 순간의 내 감정은 세상 어떤 단어로도 표현하기 어렵다. 후련한데 슬펐고 기대와 후회가 공존했으며 남편에 대한 증오와 연민이 내 안에서 끊임없이 다퉜다. 그 모든 감정은 눈물이 되어 터지기 일보 직전이었고 나는 딸꾹, 딸꾹거리며 버티고 또 버텼다.

"울어도 돼요."라는 변호사의 말에 나는 기다렸다는 듯이 울어 재꼈다. 정말 그러고 싶지 않았는데 눈물을 멈출 수가 없었다. 비참해지고 싶지 않았지만, 한없이 처참했다. 우리의 끝이 너무 초라해서 가여웠다.

우리는 좋은 이별은 할 수 없었던 걸까. 우리의 10년을 서류 몇 장으로 정리해 남에게 위임해버리는 것 말고 다른 끝은 없었을까.

남편과 대화도 하기 싫어서 혼자 변호사를 찾아온 마당에 아직도 '좋은 끝'에 집착하는 스스로가 우습기도 했다.

한참을 울고 나서야 변호사 사무실을 나섰다. 월요일 오전, 모두 바쁘게 어딘가로 움직이고 있었다. 다들 어디로 가는 걸까. 나는 지금 어디에 서 있는 것일까. 그리고 이제, 어디로 가게 될까. 끝도 없는 질문을 되뇌며, 천천히 걸었다. 그것 말고는 할 수 있는 게 아무것도 없었다.

남편을 남겨놓고 이사를 했다

딸도, 며느리도 아닌 존재의 명절

예전부터 명절을 싫어했다. '예전'이란, 결혼 전 역시 마찬가지였다는 의미다. 내 기억 속 명절은 끝없는 '음식 노동'의 현장이었다. 명절 전날 친척들이 모이면 그때부터 상 차리기와 상 치우기와 설거지가 반복됐다. 미성년 남자들이 노동에 동원되기도 했지만, 대부분 일은 여자 어른들의 몫이었다. 명절 당일 아침엔 여자들이 만든 음식을 앞에 두고 남자들이 절을 했다. 남자 어른들이 고고하고 근엄하게 차례를 지내는 동안, 여자들은 동분서주하며 아침 식사를 준비했다. 식사가 끝나면 상을 치우고, 차나 과일 같은 걸 내고 또 상을 치웠다. 무한반복. 이런 집에서 자란 내가 명절을 좋아할 리가 없었다.

결혼 후 첫 명절을 앞두고 나는 자신감으로 가득 차 있었다. 어릴 때부터 단련된 노동력을 갖춘 데다 심지어 시댁은 '차례상을 구색 갖춰 차리지 않는다'고 하셨기에 오히려 수월할 것으로 예상했다.

시어머니 말은 사실이었다. 차례상을 구색 갖춰 차리지는 않았으니까. 그저 명절에 모이는 식구들이 먹을 '무수히' 많은 양의 음식만 준비하면 그만이었다. 결혼하고 맞이한 첫 명절, "식구들 먹을 것만 간단히 하자."던 시어머니는 동태와 깻잎과 고구마와 호박과 두부와 삼색전과 동그랑땡과 아무튼 밀가루와 계란을 입혀 부칠 수 있는 모든 것들을 끊임없이 꺼내오셨다. 시댁 냉장고는 신통방통 도라에몽 주머니처럼 밑도 끝도 눈치도 없이 음식 재료를 내어주며 나의 한계를 시험했다.

그다음 명절에도 그다음 다음 명절에도 어머님은 '올해는 간단히'를 강조하셨지만, 정말로 간단했던 적은 없는 것 같다. 그렇게 나의 노동력을 갈아 넣던 '전의 전쟁'은 이후로도 몇 년간 계속되다가 '전은 사서 먹자'는 극적인 대합의가 이뤄지며 막을 내렸다.

별거 후엔 명절에도 시댁에 가지 않았다. 집 나온 며느리가 '명절이라서 인사드리러 왔어요' 하는 것도 확실히 이상했다. 명절날 아침 아이를 시댁에 데려다주는 것을 끝으로 내 역할을 정리했다. 한 번은 아이를 데려다주던 나와, 아이를 데리러 나온 시어머니가 마주친 적이 있었다. 짧게 인사를 나누고 돌아서는데 '밥이라도 먹고 가라'며 나를 붙잡았다. 나는 어머니의 제안을 정중히 거절했다. 밥은, 노동이니까. 명절이든 평상시든 밥을 먹는다는 건 누군가의 노동을 담보로 해야 하는 행위였고, 그 모든 노동을 모르는 체하며 앉아 있을 자신도, 그 노동에 참여할 마음도 없었다.

한산한 거리를 걸어 집에 돌아오자 적막한 공기가 나를 반겼다. 생각해보니, 태어나서 처음으로 혼자 맞이하는 명절이었다. 아이는 밤에 돌아올 예정이었으니, 그전까지 모든 시간이 온전히 내 것. 뭘 하지? 뭘 할까? 뭘 하며 이 시간을 누릴까, 생각하다가 천천히 청소를 시작했다. 거실 장, 화장대 등에 쌓인 먼지를 닦고, 아이 장난감을 정리하고, 음악을 들으며 따뜻한 물로 샤워도 했다. 기름 냄새 없는 명절이라니! 이토록 여유로운 명절이라니! 생각할수록 신기했다. 연휴나 주말, 휴가와는 확실히 다른 느낌이었다. 노비에서 평민으로 신분 상승이라도 한 기분이었달까. 특별한 기분이 더 특별해지도록 오늘이 명절이야, 오늘이 명절이야, 계속 되뇌었다.

점심엔 나만의 밥상을 차리기도 했다. 삼겹살을 굽고 쌈무를 준비하고 밥도 새로 안쳤다. 그리고 아주 천천히, 느긋하게 밥을 먹었다. 여유로운 식사가 새삼스러웠다. 명절엔 늘 서둘러 밥을 먹었는데. 밥이 코로 들어가는지 입으로 들어가는지도 모르게 허겁지겁. 아니지, 그마저도 먹으면 다행이었다. 기름 냄새에 질린 날엔 그조차도 거르기 일쑤였으니까.

한껏 여유를 부리며 밥을 먹고 차도 한 잔 마셨다. 과일도 깎아 먹었다. 와, 좋다. 명절 참 좋은 거구나, 싶었다.

가족이란 무엇일까. 명절이란 어떤 의미일까. 만나면 반가운 사람들이 가족이고, 그 가족이 오랜만에 모이는 날이 명절인 것 같은데, 그런 만남이 유독 '딸이자 며느리'에게는 부담과 고단함으로 다가온다. 그들도 한 가족임은 분명한데 이상하기도 하다.

누군가의 딸이기에, 누군가의 며느리였기에 일했던 지난 날. 그 모든 노동은 나를 위한 것이라기보다는 '관계'를 위한 것이었다. 가족이라는 이름으로 모인 관계를 위해 나는 쉴 새 없이 움직였다.

이처럼 역할의 균형이 맞지 않는 명절은 의미 있는 날일까, 의미 없는 날일까? 별거 덕에 모든 부담에서 해방된 나는, 새삼 '내 자리와 역할'에 대해 생각해보게 됐다.

　모든 관계와 역할을 거부하고 이제는 홀로 명절을 보내게 될 나는 누구일까. 딸도 며느리도 아닌 존재로 '하는 일 없이' 명절을 보내게 된 나는 누구일까. 이유야 어떻든 이제부터 내게 주어진 시간을 내가 원하는 방식으로 보낼 수 있게 됐으니, 이 상황을 홀로서기라 불러도 될까. 나이 마흔을 앞두고 '명절 홀로서기'를 하게 된 날. 내 삶이 이전의 것과 달라졌음을 확실히 느낄 수 있었다.

III

원고와 피고, 그리고 사건본인

'사건본인' 그곳엔 아이 이름이 적혀 있었다.

원고는 나, 피고는 남편,

소장 내내 아이는 '사건본인'으로 불렸다.

나의 결정이 아이에게 미칠 영향

변호사 사무실에 다녀온 후 한동안 마음을 다잡을 수가 없었다. 살면서 한 번도 느껴본 적 없던 온갖 뾰족한 감정들이 한꺼번에 밀려왔다가 순식간에 사라졌다. 한마디로, 제정신이 아니었다. 아이 앞에선 차분한 척 연기를 했다. 낮에는 비교적 멀쩡한(?) 엄마였으나 아이가 잠든 밤이 되면 또 다른 자아가 등장해 나를 잠식했다. 불도 켜지 않은 거실에서 철철 울다가 씩씩거리다가 안정을 찾았다가 다시 찔찔 울었다. 모노드라마가 따로 없었다.

'계약서'가 이렇게 큰 파문을 불러올 줄은 꿈에도 몰랐었다. 내 발로 찾아가서 직접 작성할 때는 언제고 이제 와서 왜 이러는 건지 나조차 이해할 수 없었다. 이제 겨우 계약서를 썼을 뿐인데, 이제 시작일 뿐인데 감정의 파도가 너무 거세서 조금 두렵기도 했다. 앞으로 펼쳐질 힘난한 과정들은 내 마음에 어떤 상처를 남기게 될까.

변호사가 요청한 '진술서'도 작성해야 했지만, 손도 못 댄 채 며칠을 허비했다. 제출해야 할 서류도 챙길 여력이 없어서 차일피일 미뤘다. 이혼을 간절히 원하는 사람이 맞나, 싶을 정도로 게으르게 굴었다. 그렇게 얼마간 시간을 보내다가 문득 '나는 지금 이혼소송 중'임을 깨달았다. 게다가 아버지가 남긴 '부의금'으로 변호사를 선임한. 이러고 있을 때가 아니었다. 움직여야 했다. 무브, 무브, 무브!

소송에 필요한 서류를 떼러 동사무소에 갔다. 주민등록등본, 혼인관계증명서, 가족관계증명서, 기본증명서, 무슨 무슨 증명서 등 아무리 읽어봐도 뭔지 모를 온갖 서류를 나와 남편, 아이 각각의 것으로 발급받아야 했다. 변호사가 적어준 서류 목록 그대로를 동사무소 직원에게 건넸다. 목록을 쭉 훑은 직원이 주변을 둘러보더니 작은 목소리로 "배우자와 같은 주소에 계세요?"라고 물었다.

'아저씨는 안 와 봐도 돼요?'와 '커피 한 잔 주실래요?'에 이은 기출 변형 질문. 당황스러웠지만 나 놀란 적 없어, 나 지금 되게 자연스러워, 하는 느낌을 유지하며 말했다. "아니요." 애써 태연한 척했지만 목소리가 염소처럼 떨렸던 것 같기도 하다.

그 순간 떠오른 건 아이 얼굴이었다. "배우자와 같은 주소에 계세요?" 따위의 별것 아닌 질문에도 나는 깜짝 놀라는데, 내 아이는 자라면서 "부모님 따로 사셔?" "부모님 이혼하셨어?" 같은 직설적인 질문을 얼마나 많이 받게 될까. 그럴 때마다 아이는 얼마나 상처받을까.

그런 말을 처음 들을 때엔 너 역시 당황할 테고, 나이가 들면서는 그 질문에 익숙해지고 담담해지게 될까. 너에게 그런 걸 물어본 사람들은 아무 편견 없이 너를 대해줄까. 지금의 내 결정이 너의 삶에 어떤 영향을 미칠까. 너는 나를 많이 원망하며 살아갈까?

아이를 떠올릴 때마다 밀려오는 참담한 심정은, 세월이 아무리 흘러도 치유되지 않을 것임을 직감했다.

동사무소 직원은 한참 동안 서류와, 서류와, 서류들을 프린트했다. 그러고는 '정말로' 두툼한 서류뭉치를 내게 건넸다. 발급 수수료가 만 원 넘게 나와서 깜짝 놀랐다. 동사무소에서 이렇게 큰돈을 쓸 일이 있을 줄이야. 그와 내가 법적 부부임을 알려주는 서류가 이렇게나 많을까. 결혼이라는 것이 얼마나 복잡한 것인지 내 손에 들린 묵직한 서류들이 말해주고 있었다.

그날 저녁부터 미뤄뒀던 진술서도 쓰기 시작했다. 살면서 반성문조차 써 본 적 없던 사람이 진술서를 쓴다는 건 너무너무 어려운 일이었다. 일기 쓰듯이 생각을 휘갈길 수도, 편지 쓰듯이 감정을 읍소할 수도 없는 노릇이었다. 7년여의 결혼생활을 어떻게 압축할까, 이혼을 결심한 길고 긴 사정은 또 어떻게 설명해야 할까. 하얀 화면 위에서 깜박이는 커서만 노려보길 몇 시간째. 겨우 쓴 첫 문장이 "○○○○년 ○월 ○일, ○○○과 ○○○은 결혼했습니다."였다.

지나간 카톡 대화들을 훑고, 녹음해 둔 몇몇 싸움을 들으면서 며칠에 걸쳐 진술서를 완성했다. A4 10장이나 되는 분량이었다. 내용을 다시 한번 꼼꼼하게 살핀 뒤 변호사에게 파일을 보냈다. 이 진술서를 토대로 변호사가 소장을 정리해 법원에 제출하고, 법원에서 남편에게 소장을 발송하면 진짜 전쟁이 시작될 터였다. 진술서를 보냈다기보다는 선전포고를 해버린 느낌이 들었다.

변호사에게 진술서를 보내고 2주쯤 지났을 때, 아침부터 카톡이 울렸다. 이 무렵, 핸드폰이 울리면 심장부터 요동치곤 했었다. 남편일까 봐. 또 대화를 시작할까 봐.

다행히도 카톡을 보낸 사람은 변호사였다. 소장이 완성됐다는 내용이었고, 내 진술서를 토대로 작성한 소장이 PDF 파일로 첨부되어 있었다. 아아, 과연 21세기다운 일 처리였다. '소장'이라 하면 탁한 빛이 도는 갱지에 내용을 적어서, 누런 서류 봉투에 담아 우체국 소인을 탕! 찍어서 배달해주는 걸 상상했었는데, 요즘 소장은 PDF 파일로 오더라.

소장을 천천히 읽었다. 내가 쓴 진술서를 바탕으로 작성되었을 테니 내가 모르는 내용은 없으리라 생각했는데, 역시나 첫 장부터 생소한 단어가 등장했다.

'사건본인' 그곳엔 아이 이름이 적혀 있었다. 원고는 나, 피고는 남편, 소장 내내 아이는 '사건본인'으로 불렸다. 이런 문서에 아이 이름이 나오는 것도 불편한데, '사건'이라는 단어와 함께 꾸준히 언급되는 걸 보고 있자니, 정말 처참했다. 나는 대체 무슨 짓을 벌인 걸까. 지금이라도 이 소송을 그만둬야 하는 게 아닐까. 아이를 사건에 끌어들이고 사건본인으로 불리게 하다니. 나 하나 살자고 이게 뭐하는 짓일까. 말로 형용할 수 없는 엄청난 자괴감이 밀려왔다. 판단력이 갈피를 잃고 또다시 흔들리기 시작했다.

아이 하나만을 위하자니 내가 죽을 것 같고, 내가 살려면 아이에게 못 할 짓을 해야 한다. 이것 외에 다른 방법은 없다. 아아, 아이를 데리고 이혼한 사람들은 이 과정을 어떻게 견뎌냈단 말인가. 정말이지 누구라도 붙잡고 '나는 이제 어떻게 해야 하나요? 다른 방법은 진짜로 없는 건가요?' 묻고 싶었다.

소장을 읽고 난 후 나에게 똑같은 질문을 수십, 아니 수백 번은 했던 것 같다. '소송 취하하면 남편이랑 다시 엮여야 해. 할 수 있겠어?' '아니' '할 수 있겠어?' '아니' '다시 생각해봐. 할 수 있겠어?' '…아니' '마지막으로 생각해봐. 할 수 있겠어?' '아니, 아니, 아니'

원고와 피고, 그리고 사건본인

남편과 얽인 법적 관계를 끊어내고 싶다는 강렬한 바람은 여전했고, 지금 소송을 취하한들 앞으로의 내 삶에 남편을 다시 들이고픈 마음도 없었다. 그렇다면 앞을 향해 나아가는 수밖에. 아이가 무엇이라 불리든, 그저 눈을 감을 수밖에 없었다. 결국 나는 이기적인 엄마가 되어 한발 더 나아가는 것을 택했다.

법원에 소가 접수된 지 2주, 진술서를 쓴 지 한 달 정도가 지난 시점에 변호사로부터 연락이 왔다. 소장 발송이 시작됐다는 내용이었다. 소장은 일반 등기와 똑같은 방식으로 피고에게 전달된다고 했다. 소장이라는 엄청난 문서가 집배원을 통해 전달된다는 말에 또한 번 놀랐다. 내가 상상하던 소장 전달은, 제복을 갖춰 입은 사람들이 남편 집에 찾아가서 딩동— 초인종을 누르고 남편에게 서류를 들이밀며 "당신은 변호사를 선임할 권리가 있으며…"로 전개되는 무시무시한 느낌의 이미지였다. 이런 이야기를 친구에게 하니 "그건 체포나 압수수색 아니야?"라며 친절히 알려줬었다. 아, 역시 그랬다.

방법이야 어떻든 집배원이 등기를 무사히 전달하면 한 달 이내에 피고가 답변서를 제출해야 하고, 그 이후에 서로의 입장을 나누는 '변론기일'이 지정된다고 했다. 복잡한 단어들과 절차들. 길고, 길고,

긴 여정이 될 것 같았다.

　이날 이후 나는 잔뜩 겁에 질려 있었다. 소장을 받은 남편이 어떤 행동을 할지 종잡을 수 없어서 너무 두려웠다. 집으로 찾아와 대화를 요구하고, 그러다가 내가 또 쓰러지기라도 하면 어쩌지. 걱정이 눈덩이처럼 불어났다. 대책, 대책이 필요했다.

　집 안과 현관 밖에 CCTV를 설치했다. 전화 통화 혹은 대면 대화를 대비해 녹음기도 준비했다. 비상시에 허둥대지 않고 경찰을 부를 수 있도록 휴대폰 긴급구조 기능을 익혔다. 문밖에서 인기척만 들려도 현관문에 귀를 바짝 가져다 댔고, 아이와 외출할 일이 생기면 바깥 동태를 먼저 살핀 후에 나오기도 했다. 집 근처에 주차된 자동차 번호판까지 유심히 살펴보며 다녔다.

　하지만 다음 날도, 그다음 날도 아무런 연락이 없었다. 등기 우편이니 아무리 늦어도 3일쯤이면 도착할 텐데, 아무런 반응이 없자 불안한 마음이 더 커졌다. 나는 극도로 예민해져서 변호사 사무실에 전화를 걸었고, '폐문부재'로 소장이 전달되지 않은 것으로 확인된다는 답변을 들었다. 문은 닫혀 있고 집 안에서 응답이 없는 것을 폐문부재라 한다고. 이후 두 번째, 세 번째 등기까지 모두 폐문부재로 전달되지 않았다.

　소장이 전달된 이후 상황을 걱정하며 잔뜩 긴장하던 나는 점점 지쳐갔다. 소송이 사람 잡는 과정이라더니, 소장 전달 전에 내가 잡아먹힐 것 같았다. 이제 시작일 뿐인데 눈앞이 캄캄했다.

　변호사는 소송이혼을 이야기하면서 '최소 6개월'은 걸린다고 말했었다. 그때 나는 "6개월이나요?"라고 해맑게도 반문했었다. 이제야 '최소'의 의미가 무엇인지 알 것 같았다. 사건 위임 계약서를 쓴 지 두 달. 엄청난 각오를 하고 일을 벌였지만, 소송은 아직 시작되지도 못하고 있었다.

이혼 후유증이라는 말

소장이 공중에 떠 있을 때, 법원에서 실시하는 '자녀양육교육'에 참석했다. 이혼하는 부부에게 미성년 자녀가 있다면, 양쪽 모두 반드시 들어야 한다는 그 교육. 이혼 과정을 검색하면서 알게 된 그 교육에 내가 참석하게 된 것이다. 남편과 그곳에서 마주치는 상황이 내가 상상한 최악의 시나리오였으므로, 차라리 소장 전달 이전에 다녀오는 게 낫겠다고 판단했다.

자녀양육교육에 대해 알아보면서 가장 신기했던 건, 미리 신청할 필요도 없이 원하는 날을 골라 '그냥' 참석하면 된다는 거였다. 내가 거주하는 지역의 가정법원에서는 매주 화요일마다 똑같은 시간에 꾸준히 교육을 열고 있었으므로, 내가 원하는 날짜에 가서 스—윽 앉아 교육을 듣고 나오면 그만이었다. 누가 올지, 얼마나 올지, 아무도 안 올지도 모르는 교육을 매주 진행하는 시스템이 어떻게 가능한 것인지 진심으로 의아했다.

　　자녀양육교육 전날, 우습게도 나는 '뭘 입고 갈까'를 한참 동안
고민했다. '이혼녀'라는 신분(?)으로 처음 참석하는 공식적인 자리랄
까. 그런 큰 행사를 맞이하는 느낌이었다. 나는 불륜을 저지르지 않
았으며, 이혼 당할 만한 일을 하지 않았고, 경황없이 참석한 것이 아
니라 차분히 준비하여 이 자리에 왔으며, 후줄근해 보이지 않으면
서, 중대한 자리에 걸맞은 격식도 갖추고, 지나치게 무겁지도 가볍
지도 않고, 아이를 잘 챙기는 이미지를 줄 법한 옷을 골랐으나, 그런
옷이 있을 리가 없었기에 '눈에 띄지 않을' 무난하고 단정한 옷을 선
택했다. '절대로 울지 않을 거야' 다짐하면서 가방 한쪽에 휴지를 챙
겨 넣었다.

　　70~80명 정도를 수용할 수 있는, 넓지도 좁지도 않은 공간에서
교육이 진행됐다. 드문드문 떨어져 앉기에 딱 적당하다고 여겨지는
30여 명쯤이 그 공간을 채우고 있었다. 교육을 듣는 사람이 '나 혼
자'가 아님에 일단 안도했고, 미리 신청자를 받는 것도 아닌데 어떻

게 이렇게 적당한 인원이 적당한 거리를 두고 앉아 있는지도 신기했다. 30대부터 60대로 추정되는 다양한 연령의 남녀가 제각각의 모습으로 앉아 있었다. 그곳은 정말 '사회적 거리 두기'가 완벽하게 지켜지는 공간이었다. 의자 한두 개를 사이에 두고 띄엄띄엄 앉은 사람들은 마스크를 쓴 채 앞만 바라봤다. 눈 맞춤이나 사소한 질문조차 오가지 않는, 절대적 거리 두기의 아주 좋은 표본이 그 공간이었다.

누가 조용히 하라고 시킨 것도 아닌데 약속이라도 한 듯 침묵을 지켰다. 그래서인지 교육 내내 곳곳에서 들리는 한숨과 훌쩍이는 소리가 더 크게 와닿았다. 다들 힘든 시간을 보내고 있었다. 그 와중에 나는 묘한 안도감마저 느꼈다. 이런 과정을 겪는 사람이 나 혼자가 아니라니. 조금은 위안이 됐달까. 남의 고통을 보며 이런 감정을 느끼다니. 정말 엉망이긴 했다.

'이혼 후유증' 나는 이 단어를 자녀양육교육에서 처음 접했다. 이혼 후유증이라니. 참 적절한 표현이라고 생각했다. 사랑했고, 그래서 결혼했고, 한 공간에서 살았던 내 아이의 아빠와 이별을 결정하는 내내 나는 몹시 아팠다.

원고와 피고, 그리고 사건본인

어제는 괜찮다가 오늘은 화가 나고, 또 어떤 날은 이유 없는 불안에 덜덜 떨었던 날들. 심지어 나는 소송을 제기한 원고였으므로, 이런 나약한 감정들을 절대 티 내서는 안 된다고 생각했다. 나 혼자 감당해야 할 일이라고 생각했으므로 다른 사람들 앞에선 애써 괜찮은 척했고, 밤만 되면 널뛰는 마음을 혼자 삭이며 다잡았다.

그런데 이혼을 경험하는 대부분의 사람이 뒤범벅된 감정을 겪고, 또 그게 '당연한' 증상이라고 말해주니 조금 안심됐다. 사고를 낸 사람도 후유증을 겪듯, 나 역시 그런 시간을 거치는 것뿐이라고 위안했다.

자녀양육교육을 받은 날은, 아이와 내가 새집으로 이사한 지 딱 1년 하루가 지난 날이었다. 1년 전 나는 별거를 시작했고, 또 1년 후의 나는 이혼하는 중이구나. 앞으로 1년 후에는 또 어떤 상황에 놓여 있을까. 한 치 앞도 상상하기 어려웠다.

이혼소송 중에 아이의 생일을 보내는 법

소장은 두 달째 전달되지 않고 있었다. '폐문부재'라는 방패를 집배원은 뚫을 수가 없었다. 이건 정말 상상도 못 했던 상황이었다. 작성된 소장은 PDF 파일로 주고받으면서, 전달은 또 아날로그 방식이라니. 과연 21세기와 세기말의 일 처리 방식이 공존하는 소송 과정이었다.

마음이 급해진 나는 카톡이나 문자로 소장을 보내면 안 되는지, 카톡에 '1'이 없어지면 소장이 전달된 걸로 간주하면 안 되는지를 변호사에게 물었다. 바보 같은 질문이라는 걸 나도 알고 있었다(그런데 어느 정도는 진심이기도 했다). 변호사는 기다리라고 했고, 기다리는 것 말고는 딱히 할 수 있는 것도 없었기에 그저 일상을 살아갔다.

원고와 피고, 그리고 사건본인

그 와중에 아이의 생일이 다가오고 있었다. 생일이 가까워질수록 나는 불안해졌다. '이혼소송 중에 아이 생일을 보내는 법' 같은 건 자녀양육교육에서도 가르쳐 주지 않았던 문제였다.

별거 직후였던 작년엔 남편과 아이와 나, 셋이 어색하게 파티를 했었다. 별거를 시작했지만 이혼에 대한 결심은 서지 않은 때였고, 나와 아이 단둘이 생일을 보내려니 아이가 쓸쓸해할 것 같았다. 그래서 같이 밥을 먹으며 파티하자는 남편의 제안을 거절하지 못했었다. 파티는 해야겠고 마음은 내키지 않아서 수많은 고민과 검색 끝에 생각해낸 해결책이 '뷔페'였다. 음식을 핑계로 테이블을 떠날 수 있는 곳. 많은 사람과 적당한 소음이 있는 곳, 그래서 우리가 별거 중인 사실을 최대한 숨길 수 있는 곳. 그곳에 마주 앉아 밥을 먹었다.

시작이 중요했다. 테이블이 배정되고 남편이 의자에 앉는 순간 내가 자리를 떴다. 남편이 자리를 지키는 동안, 나는 아이를 데리고 음식을 떠 왔다. 그리고 남편이 음식을 고르는 동안 빠르게, 빠르게 접시를 비웠다. 남편이 테이블로 돌아오면 벌떡 일어나 음식을 가지러 갔다. 천천히 음식 사이를 돌아다니며 남편의 동태를 살폈다. 남편이 수저를 내려놓으면 테이블에 앉았고, 남편이 돌아오기 전까지 또 빠르게 접시를 비웠다. 배가 불러 더 이상 음식이 들어가지 않아도 기웃기웃 음식 사이를 돌아다니며 신중하게 음식을 날랐다. 음식 쓰레기를 줄이는 건 정말 중요한 일이지만, 남편과 마주 앉아있는 시간을 피하는 것이 그 당시 내겐 더 중요한 일이었다. 음식을 다 먹었을 때쯤 케이크를 꺼냈고, 직원들이 생일축하 노래를 부르고 사진도 찍어줬다. 세 명이 함께 찍은 '마지막' 사진을 갖는 것으로, 생일 파티라는 大 미션은 마무리됐다.

올해는 이혼을 결심한 후였고, 심지어 소장까지 날린 상황이었으므로 고민이 더 깊었다. 아이 친구들이라도 불러서 시끌벅적한 상황을 만들어주고 싶었지만, 코로나 시국에 입학한 아이에게는 '절친'이라고 할 만한 친구가 없었다. 내 친구의 아들이 유일하게 가깝게 지내는 또래 친구였으므로, 고민 끝에 친구에게 부탁했다. "제발 우리랑 같이 여행 좀 가 줄래?" 친구는 흔쾌히 그러자고 했고, 친구와 친구의 아이, 나와 내 아이 넷이 여행을 다녀왔다.

아이 생일은 일요일이었지만 여행 일정은 금, 토요일로 잡았다. 생일 당일은 아빠와 시간을 보내게 해주고 싶었다. 아빠에게 가면 아빠의 원가족이 아이를 반겨줄 테니까. 엄마와의 여행에 이어 아빠와 파티까지. 그 정도면 엄마, 아빠와 함께한 시끌벅적한 생일로 기

원고와 피고, 그리고 사건본인

억되지 않을까.

　아이 생일을 일주일 앞두고 시어머니로부터 전화가 왔다. 받기
싫었지만 받아야 했다. 자녀양육교육을 받으며 다짐한 것 중 하나가
아이의 '관계'는 지켜주자는 것이었다. 나는 시댁과 '남'이 되길 택한
사람이었지만, 내 선택을 아이에게까지 강요할 수는 없었다. 시간이
흐르고 아이가 자라며 생기는 변화야 어쩔 수 없겠지만, 지금 당장
할머니, 할아버지, 삼촌 등 아이와 관련된 모든 관계를 가차 없이 끊
어내는 건 너무 이기적이라고 생각했다.

　어머님은 "아이 생일에 함께 점심을 먹자."고 하셨다. '함께'라는
단어에 나도 포함인가 싶어서 "저도요?"라고 되물었다. "그래."라는
대답을 들었을 땐 너무 당황스러워서 오히려 내가 말을 더듬었다.
"제, 제가요? 제가 거길 왜…."

　어머님은 밥 한 끼 먹는 것에 큰 의미를 두지 말라고 거듭 말씀
하셨지만, 나는 거듭, 거듭 거절했다. 그쯤에서 물러섰다면 나의 시
어머니가 아니었다. 거듭, 거듭되는 요구와 거듭, 거듭, 거듭되는 거
절. 돌림노래처럼 같은 말을 하다 보니 내가 고른 단어가 너무 완곡
했나 싶어서 '싫다, 불편하다, 가기 싫다'는 노골적인 단어를 사용해

봐도 소용없었다. 실랑이는 한참 동안 이어졌다.

골이 지끈거렸다. 아아, 예나 지금이나 이 집 사람들은 도대체 왜 내 말은 듣지 않는 걸까. 나의 의견이나 감정을 어쩜 이리도 당연하고 당당하게 무시하는 걸까. 더는 대화하고 싶지 않아서 "전 안 갑니다."라고 힘주어 말했다.

혹시나, 내가 쏘아 올린 소장에 대해 전혀 모르고 이런 제안을 하시나 싶어서 "저 이혼 소장 보냈어요. 아이 아빠가 계속 안 받는 상황이에요."라는 말로 우리가 '소송 중'임을 강조했다. 그제야 어머님은 '함께 식사하자'는 제안을 철회하셨다. 그 대신,

현재의 우리 상황을 시아버지를 직접 뵙고 말씀드리는 게 '예의'라고 하셨다. 이걸 어떻게 표현해야 할까. 똥 피하려다 똥 밟은 격? 똥 싼 데 주저앉은 격? 아무튼 '밥 먹으러는 안 와도 되지만, 아버님을 만나서 이 상황을 설명하라'는 게 어머님의 의견이었다.

어머님은 대체로 다정한 분이셨지만, 가끔 이해할 수 없는 이야기를 하실 때가 있었다. 세대 차이랄까, 입장 차이랄까. 뭐가 됐든 이제는 중요하지 않았다. 예전이었다면 듣는 시늉이라도 했겠지만, 지금은 그럴 이유도 그럴 생각도 없었다. 나는, 우리가 이렇게 된 내막

이 궁금하다면 소장을 참고하시라고, 꽤나 시건방지게 맞섰다. 어머님도 의견을 굽히지 않았다. 결혼할 때 허락을 받았으면 이혼할 때도 직접 뵙고 의논해야 한다는 어머님의 주장. 다른 버전의 돌림노래가 시작됐다. 아아, 이 기시감은 무엇이란 말인가. 나와 통화하는 이 사람은 어머님의 목소리를 한 남편이 아닐까. 목소리 변환 앱 같은 걸 깔아서 남편이 전화를 건 것은 아닐까, 의심될 정도로 집요한 대화(?)가 한 시간 넘게 이어졌다.

경험해 본 사람만 느낄 수 있는 감각이 있다. 내가 '네, 그럴게요'라고 대답하지 않으면 이 통화는 영원히(?) 계속될 거라고 확신했다. 절충안, 절충안을 찾아야 했다.

직접 찾아가는 대신, 아버님께 전화를 걸어 상황을 설명하는 걸로 합의(?)했다. 아이의 '관계'를 지키는 건 엄청난 인내가 필요한 일이라고 생각했다.

아버님과 나눈 긴긴 대화는, 일일이 서술하지 않는 게 독자들의 정신건강에 이로울 것으로 판단했다. 그래도 궁금해할 사람을 위해 몇 줄로 요약하자면, 내가 남편을 휘어잡지 못해서 이런 상황이 된 것이고, 나의 선택으로 아이가 상처받을 것이며, 아직 젊으니 평생

수절하지 말고 다른 남자를 만나라고 하셨다. 또 여자 혼자 벌어서 애 키우기 힘들 테니, 직장을 관두고 시골에 내려와서 일하며 살라고 조언하셨다.

이혼소송은 시작도 안 했는데 재혼을 허락해주시는 스피디한 결정에 조금 놀랐고, 시골의 인력난은 엄청나게 심각해서 집 나간 며느리까지 인력으로 필요한가보다, 생각해버리기로 했다.

별거 이후 그리고 소송 제기 이후, 나는 내 선택이 정말 옳았을까, 라는 생각을 깊게, 깊게 하곤 했다. 아이의 생일이나 크리스마스, 명절 등이 다가올 때마다 고민은 더 깊어졌다. 시끌벅적하게 보내야 할 날을 쓸쓸하게 보내면 어떡하나. 그게 내 선택 때문이라면 너무 미안하니까.

하지만 올해 아이 생일을 보내며, 이런저런 일을 겪으며 나는 비로소 확신했다. 내 선택이 옳았음을, 아주 완벽한 결정이었음을. 다시는 뒤돌아보지 않으리라, 나는 다짐했다. 이 선택이 옳았음을 내 삶으로 증명하며 살아가리라.

퇴근한 아빠 얼굴을 그리라는 숙제

코로나 시국. 아이 학교는 온라인과 오프라인 수업을 갈팡질팡 이어갔다. 육아휴직을 낸 건 백번 생각해도 잘한 결정이었다. 휴직할 수 없는 보호자들은 이 시국을 대체 어떻게 넘기고 있는 걸까, 궁금할 지경이었다.

월요일 오전 8시 45분. 아이와 나란히 앉아서 줌에 접속했다. 여덟 살짜리 아이 스물여섯 명이 화면 안에 있었다. 기분이 이상했다. 서글프고 안쓰럽고 미안했달까. 이런 내 마음을 아는지 모르는지 아이들은 저마다 하고 싶은 이야기를 했다. "엄마, 핸드폰 배터리 없어." "선생님, 목소리가 안 들려요." "엄마, 배고파." "엄마, 엄마."

아이들 소리에 묻혀 선생님 목소리는 잘 들리지도 않았다. 결국엔 선생님이 아이들 목소리를 음소거하고 출석을 불렀다. 이번에는 아이들이 대답해도 들리지 않았다. 다시 음소거가 해제되니, 또 여기저기서 온갖 소리가 들렸다. 강아지도 짖고, 아기도 울고, 우당탕탕 뭔가 넘어지는 소리도 났다. "엉망이네. 이건 엉망 수업이야." 아이가 마이크 앞에서 큰소리로 말했다. 깊이 동의했지만, 티를 낼 수는 없었다. "집중해 봐. 네가 소리를 내면 선생님 말씀이 더 안 들리잖아." 타이를 수밖에.

화상수업 중엔 아이 옆을 지키고 있어야 했다. 마이크, 스피커 볼륨 등 도와야 할 문제가 많았기에 카메라 앵글 밖에 앉아 수업을 참관했다. 그러다 눈에 들어온 건 '아빠 얼굴 그리기'라는 수업 주제. 퇴근하고 집에 온 아빠 얼굴을 자세히 들여다보고 그리는 게 숙제로 주어졌다. 하아, 하필 콕 집어 아빠 얼굴일 건 또 뭐람. 난감했다. 스물여섯 명 중에 아빠가 집에 없는 아이가 몇 명이나 될까. 우리 아이가 유일할까, 신경이 곤두섰다.

"아빠 보고 싶다." 마이크에 대고 아이가 갑자기 말했다. 연이어 "아빠 집에 안 간 지 얼마나 됐지?"라며 나를 향해 물었다. 자연스럽게 대답했더라면 좋았을 텐데, 나는 순간 잔뜩 굳은 표정으로 벌떡 일어나 마이크 볼륨을 확인했다. 그러고는 화면 속 선생님과 다른 아이들의 반응을 살폈다. 모두에게 들렸을까. 아무도 못 들었을까.

원고와 피고, 그리고 사건본인

들렸는데 티를 안 내는 걸까. 나의 우려와 달리 수업은 계속 진행되고 있었다. 다시 자리에 앉아 "아빠가 요즘 바빠서 얼굴을 잘 못 봤지?"라며 애써 크게 대답했다.

경직된 모습으로 뚝딱거린 스스로가 한심했다. 이혼을 왜 숨겨. 나부터 당당해져야 한다고 수십 번 생각했으면서도 아이의 말 한마디에 완전히 당황하고 말았다.

내 주변에 이혼을 알리는 건 아무렇지도 않았다. 하지만 아이 주변만큼은 달랐다. 이혼 가정임을 밝히는 순간 아이를 바라보는 시선이 달라질 것만 같았다. 아이에게도 마찬가지였다. '어디 가서 엄마랑 아빠랑 따로 산다고 말하지 마'라며 입단속을 시켜야 할까. 내가 이런 말을 하면 아이는 어떻게 받아들일까.

뭔가를 숨길수록 그 부분이 곪아버린다는 것을, 나는 너무 잘 알고 있었다. 일찍 돌아가신 어머니의 존재나 남편의 무직 등, 굳이 숨기지 않아도 될 일을 숨기기 시작하자 그 위로 곰팡이가 피어났다. 처음엔 작은 사건 혹은 상황에 불과했던 문제가, 숨기면 숨길수록 무겁고 음침한 '불행'으로 커졌다. 그럴수록 더 숨겼고, 나중엔 곰팡이에 파묻힌 채 스스로를 불행한 인간이라고 결론짓는 것도 망설이지 않게 됐다.

그러니, 아이에게 무조건 숨기라고 말하는 것도 망설여졌다. 이제 1학년. 앞으로 어떻게 하라고 알려줘야 옳은 걸까. 정말, 답을 모르겠다.

그날 밤, 아이에게 숙제를 시키지 않았다. 사진을 보고 그리라고 할까, 상상해서 그려보라고 할까, 고민하다가 다 관둬버렸다. 굳이 그렇게까지 하고 싶지 않았다. 하루쯤 숙제를 거르는 게 뭐 그리 중요할까. 에라, 나도 모르겠다, 하는 마음으로 숙제를 모르는 체했다.

오프라인 수업이 있었던 날, 학교에서 돌아온 아이는 딱지 열 개를 접어가야 한다고 말했다. 딱지 위에 그림을 그려 교실을 꾸밀 예정이라고, A4 용지로 딱지 접는 걸 도와달라고 했다. 아이고, 내 새끼가 다 커서 이런 말도 똑 부러지게 전달하는구나, 싶다가도 '딱지'라는 말에 또 한번 난감해졌다. 나는 딱지 접기를 할 줄 몰랐다.

유튜브와 종이접기 책까지 뒤져가며 종이를 조몰락거렸다. 둔한 손놀림으로 종이를 접었다 폈다 하고 있자니 절로 남편이 떠올랐다. 그 사람, 이런 거 잘하는데. 남편이 있었다면 딱지 열 개쯤이야 금방 완성했을 텐데. 새삼, 정말 오랜만에 자발적으로 남편을 떠올렸음을 깨달았다. 그렇다고 고작 딱지 때문에 남편에게 연락할 수는 없는 일. 아이와 함께 낑낑거리며 딱지 열 개를 완성했다.

접어놓은 딱지를 보고 있자니, 종종 이런 일이 닥칠 때마다 '남편을 떠올릴 수도 있겠구나'라는 생각이 들었다. 혼자서는 해결하기 어려운 일을 대신 해줄 사람이 없다는 것. 이런 걸 두고 사람의 빈자리를 느끼는 건가, 싶었다. 혼자 할 수 없었던 딱지 접기를 어떻게든 완성한 것처럼, 앞으로도 나 혼자 채워가야 할 많은 일들이 일어나리라.

이날 이후 아이는 학교에서 쉬는 시간에 딱지치기를 한다면서 종종 딱지를 만들어 가곤 했다. 어느 날, 나와 같이 딱지를 접던 아이가 '반 친구 중 한 명이 크고 튼튼한 딱지를 만들어왔고, 그 친구와 시합하는 족족 져버려서 딱지가 자꾸 줄어들어 속상하다'는 얘기를 했다.

아이들 놀이는 그들만의 리그로 둬야 한다는 걸 '머리'로는 잘 알고 있었다. 하지만 곱씹을수록 속상했다. 반 친구가 가지고 있다는 크고 튼튼한 딱지가 내 아이에게 없다는 것. 반 친구에게 크고 튼튼한 딱지를 만들어준 건 왜인지 그 아이의 아빠일 것만 같았다. 그럼

내 아이는? 아빠가 집에 없어서 크고 튼튼한 딱지를 못 가진 게 아닐까…. 이상한 전개라는 걸 너무 잘 알고 있음에도 이 몹쓸 열등감을 차분히 누를 수가 없었다. 내 아이에게도 크고 강력한 딱지를 주고 싶었다.

집에 있던 택배 박스를 잘라 손끝이 빨개지도록 접고 접어서 '절대 딱지'를 완성했다. 귀찮다는 아이를 붙잡고 딱지치기 연습도 했다. 고백하자면, 나 역시 태어나서 처음 해본 딱지치기였다.

다음 날엔, 아이가 학교에서 돌아오기만을 목이 빠져라 기다렸다. 오늘은 이겼을까? 기분이 좋을까? 어떤 표정으로 돌아오려나, 몹시 궁금했다. 집에 온 아이는, 쉬는 시간에 친구들이 너무 가까이 붙어서 딱지치기한다고, 코로나가 잠잠해질 때까지 딱지치기가 금지됐다는 이야기를 들려줬다. 아아, 왜 하필 오늘부터란 말인가. 정말 여러모로 도움이 안 되는 코로나였다.

아이는 별생각이 없어 보였지만, 나는 좀 시무룩해졌다. "엄마가 만들어 준 딱지로 이겼어!"라는 말을 듣고 싶었던 걸까. 소송 이후로 이전에 없던 새로운 열등감이 하나둘 더해지는 기분이었다. 이혼가정, 아빠 없는 집, 이런 상황을 만들어버린 나는, 어떤 이유로든 아이가 주눅 들까 봐 잔뜩 날을 세우는 상태였다.

내가 이토록 예민하게 반응하는 게 과연 아이에게 도움이 될까.

원고와 피고, 그리고 사건본인

어떻게 행동해야 아이에게 도움이 될지 도무지 알 수가 없었다. 아이를 생각한다는 내 감정에 빠져, 열등감과 자격지심만 보여주고 있는 건 아닐까. 담담하게 현실을 받아들이자고 늘 다짐하지만, 아이 문제 앞에서는 끝없이 휘청대는 것 같다.

가족인 듯, 가족 아닌, 가족 같은

남편 생일이 다가오고 있었다. 이혼소송 중인 데다, 생일 같은 건더 이상 내가 신경 쓸 일이 아니라고 생각했지만 아이가 문제였다. 아빠 생일이 언제인지, 아이는 알고 있어야 한다는 게 내 생각이었다. 자녀양육교육에서 들었던 '아이의 관계'를 지키기 위해 나는 무던히 노력하고 있었다.

남편에게 '당신 생일을 맞이했으니 아이를 데려가서 함께 파티하시오' 라며 연락하는 것도 이상했고, 아이에게 '아빠 생일이니 편지라도 써보렴' 권하는 것도 뭔가 어색했다. 뾰족한 방법을 찾지 못한채 시간이 흘렀다.

시동생에게서 연락이 온 것은 생일 당일 오후였다. 가족들과의저녁 식사에 아이를 데려가고 싶은데 그래도 될지를 조심스럽게 물어왔다. 남편이 직접 연락하지 않은 것에 그저 감사하며 "그럼요. 되

원고와 피고, 그리고 사건본인

고말고요." 흔쾌히 대답했다.

　아이가 선물 이야기를 꺼냈기에 함께 빵집에 가서 초코케이크까지 골랐다. 가장 적당하다 싶은 가격대의 케이크를 고르려는데, 케이크 위의 장식들이 눈에 거슬렸다. 빨간 하트, 분홍 하트, 온갖 하트들. 내가 샀다는 것을 뻔히 알 텐데 하트 장식이 붙은 케이크를 보내고 싶지 않아서 4,000원을 더 써야 했다. 불과 2년 전 생일 때는 손수 미역국까지 끓여줬던 상대인데 거참, 이제는 케이크 장식 따위까지 신경 써야 하는 기묘한 사이가 되어 있었다.

　"생일파티 즐겁게 하고 와." 아이에게 인사하면서, 아이가 함께 가자고 고집부리면 어쩌나 걱정됐다. 다행히 아이는 대수롭지 않게 "엄마는 뭐할 건데?"라고 물었다. 일일이 설명하지 않아도 이미 알고 있구나, 직감했다. 엄마와 아빠가 한자리에 마주하는 일이 더 이상 없을 것임을 이 아이는 아는 것 같았다.

　아이에게 이혼이나 별거에 대해 진지하게 설명한 적은 없었다. 그저, 어느 날 이사를 했고 그 후로 따로 살기 시작했을 뿐. 자녀양육교육에서는 아이와 이혼에 대해 진지하게 이야기해야 한다고 가르쳤지만, 아직은 '시기상조'라는 느낌이 컸다. 나중에, 나중에, 깨끗하게 판결이 나면 그때쯤 이야기하는 게 좋을 것 같았다.

"집에서 쉴 거야. 엄마 요즘 좀 피곤해." 혹시나 아이가 같이 가자고 할까 봐, 굳이 '피곤하다'는 말을 강조했다. 아이의 눈에 우리는 어떻게 보일까. 어쩌면 아이는 '가족이 함께'라는 기대를 우리보다 더 일찍 접어버렸을지도 모르겠다. 자라는 내내 우리 모습을 봤으니까. 행성처럼 멀찍이 떨어져서 차가운 표정으로 지내던 우리를, 아이도 기억하지 않을까.

아이를 데려다주고 오는 길, 나는 진심으로 오늘만큼은 남편이 행복하기를 바랐다. 함께 잘 지낼 수 없다고 해서 남편의 삶이 엉망이 되길 바란 적은 없었다. 아이의 양쪽 날개인 엄마와 아빠, 그들이 따로 살아도 각자 행복할 수 있음을 아이에게 보여주고 싶으니까. 그러니 부디, 당신도 충실하고 행복하게 살아가기를. 소장이야 어찌 되든 오늘만큼은 즐겁게 보내기를. 웃고 또 웃으며 당신만의 날들을 누리기를 바랐다.

나와 아이가 사는 집에 시동생과 동서가 오겠다고 했다. 우리가 이렇게 만나도 되는 건지 도무지 알 수 없었지만, 계속 오겠다는 이들을 냉정히 막을 만큼 뒤틀린 관계도 아니었다. 함께 봐온 세월이 몇 년인데, 나 역시 그들의 안부가 궁금하기도 했다. 시동생 부부는 양손 가득 음식을 들고 집에 왔다. 회부터 술, 아이 선물에 과자까지. 여행이라도 온 듯한 완벽한 준비에 내가 손님이 된 기분마저 들었다.

어색함은 온데간데없이 오랜만에 만난 지인과 수다 떨듯 안부를 묻고 옛날이야기를 하며 웃었다. 아이가 '엄마'하고 나를 부르면, 그들 중 한 명이 재빨리 일어나서 아이의 요청을 해결해줬다. 대화는 자연스럽게 아이 이야기로 흘러갔다.

아이가 요즘 뭐에 꽂혀있는지, 어떤 책을 특히 좋아하는지, 일기장에 무슨 이야기를 썼는지 등을 내가 말해주면, 아이의 삼촌과 숙모인 그들이 눈을 반짝이며 맞장구쳤다. 그동안 아이에 관한 이야기를 공유할 데가 없어서 입이 근질근질했던 나는 잔뜩 신이 나서 열심히도 떠들어댔다. 아이가 그린 그림을 보여주고, 클레이로 만든 냉장고 자석도 자랑했다.

몹시 추상적인 그림과 조악한 클레이 작품이었음에도, 그들은 물개박수를 치며 폭풍 칭찬을 쏟아냈다. 아이의 성장에 관심을 두고 기뻐하는 그들을 보고 있자니 '이게 가족인데'라는 생각이 절로 들었다.

우리가 이혼하고 나면 이 관계는 어떻게 되는 걸까. 동서와 나는 가족일까? 가족이 아닐까? 남편과 내가 남이 되는 것이니, 엄밀히 따지면 시동생과 동서를 가족이라고 말하는 건 어려우리라.

가족도 아닌데 내 아이를 너무나 사랑하고 아이의 성장에 관심을 두고, 내 생활과 내 건강을 진심으로 걱정하는 이들을 이제 뭐라 불러야 할까. 법적 관계가 정리된다 한들 이 모든 마음마저 정리되는 것은 아닐 텐데, 우리는 이제 어떤 사이가 되는 걸까. 내가 찾지 못한 답을 동서는 알고 있을까.

"이혼하고 나면, 우리는 가족인가요? 가족이 아닌가요?"

"'우리는 무슨 관계다' 딱 정해 놓고 평생 지키며 사는 건 너무 어렵지 않아요? 시간이 흘러서 새롭게 받아들여야 하는 개념이 생기면 그때그때 맞춰 가면 되지 않을까요?"

우문현답이었다. 살면서 새롭게 받아들여야 하는 수많은 개념. 우리에게도 곧 닥쳐올 그 개념들을 각자의 방식으로 받아들이며 살아가면 되겠구나, 생각했다.

자녀양육교육에서 들었던 말이 다시 한번 떠올랐다. '아이 중심의 새로운 가족' 아이의 아빠, 아이의 삼촌과 숙모, 아이의 할아버지와

할머니 등. 그들과 내가 남이 된다고 하더라도, 그 모든 관계가 '없었던 일'이 되지는 않을 터.

새로운 상황에서 새로운 개념이 자리를 잡고, 거기에 익숙해지려면 꽤 많은 시간이 필요하리라. 아이도 나도, 한동안은 이런 변화가 혼란스럽겠지. 그럼에도 중심을 지키고 모든 상황을 차분히 끌어가는 것이 내 역할이리라.

변론기일이 정해졌다

소장은 여전히 전달되지 않고 있었다. 소송도 당연히 미뤄졌다. 그쯤 되자 주변 사람 대부분이 '남편과의 합의'를 제안했다. 만나서 얘기하는 게 빠르겠다며 쉽게 쉽게 가라며, 다들 쉽게 쉽게 이야기했다. 소송까지 가서 진흙탕 싸움을 할 바에야 원만한 합의를 이루는 게 효율적이라는 의견은 매우 일리 있었다. 그럼에도 나는 변호사가 알아서 할 거라며 선을 그었다. 나는 결코, 절대로, 남편과 말을 섞고 싶지 않았다. 그들이 말하는 '쉽게'가 나에겐 가장 어렵고 고통스러운 일이었다.

진척 없는 상황이 답답할 뿐, 나름대로는 평온한 날을 보내고 있었다. 남편이 내 집에 불쑥 찾아오거나, 전화를 걸어 '얘기 좀 하자'

고 요구하지도 않았으므로 나는 차츰 안정을 찾아갔다. 모처럼 맞이한 평온을 굳이 깨뜨릴 이유가 없었다. 나는 '그 어떤 행동'도 하지 않고 나의 평화를 지키는 쪽을 택했다.

아이와 남편의 관계도 나쁘지 않았다. 아이는 내 앞에서 남편과 통화도 하고, 1~2주 간격으로 남편 집에 가서 자고 오기도 했다. 남편과 나의 소통은 오로지 카톡. 글자를 통해 아이 스케줄과 관련된 이야기만 나누고 있었다. 폐문부재로 소장은 전달되지 않아도 카톡은 되는 신기한 상황. 더 웃긴 건 서로 문자를 주고받는 상황에서, 남편과 나 그 누구도 소장에 대해 언급하지 않았다는 것.

사실 궁금하긴 했다. 이 사람은 소송이 시작됐다는 걸 알까? 집배원이 분명 현관문에 뭔가를 붙여놓았을 테니 알지 않을까? 소장의 존재를 알면서도 안 받는 걸까, 몰라서 못 받는 걸까. 아니면 모르는 척 외면하는 걸까. 정말 궁금했지만, 나의 평화를 깨뜨릴 수 없었기에 말을 아꼈다.

그 무렵 남편은 돈도 보내오기 시작했다. '양육비'냐고 묻는 내게, 남편은 '생활비'라고 선을 그었다. 돈은 돈일 뿐, 양육비라 부르든 생활비라 부르든 무슨 상관이냐 싶었지만, 남편은 생활비임을 '강조'했다. 양육비는 '이혼한' 가정에서, 주양육자가 아닌 사람이 아이 양육을 위해 지급하는 돈으로 인식되고 있으니, 단어 하나에도 민감해지는 그 마음이 이해는 됐다.

이혼을 원하는 나와 이혼을 원치 않는 남편, 소장을 보낸 자와 받지 않는 자, 별거와 이혼, 그 중간 어딘가에 우리는 서 있었다.

드디어 '변론기일'이 잡혔다는 연락이 왔다. 변론기일이란, 변호사들이 만나(본인 출석도 가능하다) 서로 이견을 조율하는 과정을 말한다. 남편이 꾸준히 소장을 받지 않았기에, 내 변호사님이 '공시송달'을 신청했다고 하셨다. 공시송달이란 법원 게시장에 공고문을 게시해, 송달받을 사람이 송달 서류의 내용을 알 기회를 만들어줌으로써 송달 효력을 발생하게 하는… 아무튼 '소장 전달과 동일한 효력'을 발휘할 수 있는 과정에 대한 허락이 떨어졌다고 했다.

그렇게 변호사를 선임한 지 5개월 만에 변론기일이 잡혔다. 본격적인 시작이었다.

변론기일 이틀 전. 밤 9시에 가톨릭 사제인 삼촌으로부터 전화가 왔다. 늦은 시간에 울리는 전화는 불길함을 동반하는 법. 역시나 삼촌은 격앙된 목소리로 '내일 시부모님이 찾아오시겠다'는 연락을 받으셨다고 했다. 삼촌은 결혼생활을 끝까지 유지하지 못하고 이혼하는 조카가 못마땅한 듯, 나를 꾸짖다가 전화를 끊으셨다. 그런 삼촌께 나는 아무 말도 할 수가 없었다.

한참 후에 삼촌은 목소리를 들으면 자꾸 화내게 되니 앞으로 문자를 주고받자는 내용의 메시지를 보내오셨다. 그리고 시부모님은 삼촌 혼자 만날 테니 집에 가만히 있으라는 말도 덧붙이셨다. 삼촌이라는 울타리라도 남아있어서 다행이라고 생각했다.

결혼이 그렇듯, 이혼도 나 혼자만의 문제가 아님을 또 한 번 절감했다. 아이에 이어 가족들까지 나의 고통을 함께 짊어지고 있었다.

변론기일 하루 전. 변호사 사무실에 전화를 걸었다. 삼촌의 전화를 받기 전까지, 나는 남편이 변론기일에 대해 모르고 있을 거라고 확신했다. 소장을 받지 않은 상태이니 변론기일도 모르는 게 당연하지 않은가. 하지만 삼촌의 전화를 받고는 생각이 달라졌다. 소장을 확인했으니 시부모님이 움직이시는 게 아닐까, 라는 합리적인 의심이 들었다.

아니나 다를까. 변론기일을 이틀 앞두고 남편이 법원에 찾아가서 공시송달을 취소하고 소장을 직접 받아 갔음이 확인됐다. 피고에게 소장이 전달됐으니 이제 정식으로 소송이 시작되는 거였다.

담당 변호사는 상대방 또한 변호사를 선임했다는 사실도 알려줬다. 변론기일을 고작 하루 앞두고 변호사 선임이 가능하다는 것도 놀라웠고, 그럼에도 변론이 예정대로 진행된다고 해서 더 놀랐다. 변론기일에 법원으로 가볼까, 하던 생각은 완전히 접었다. 혹시나 그곳에서 남편을 만날까 봐 무서웠기에 그냥 집에 있기로 마음을 굳혔다.

삼촌과 시부모님이 무슨 이야기를 나눴는지 궁금해서 참을 수가 없었다. 혹시나 시부모님이 없는 이야기를 했다면 조목조목 바로잡고도 싶었다. 당신의 조카가 그 정도로 엉망인 사람은 아니라고 알려드리고 싶었다.

삼촌께 자세한 이야기를 들을 수는 없었지만, 대략적인 분위기는 짐작할 수 있었다. 어머님은 사과하셨고, 아버님은 이런 며느리는 당신도 싫다고 이야기하셨다고. 역시, 아버님은 아버님이었다. 당신 마음에 품고 있어도 될 미움을 굳이 삼촌에게까지 전하시다니. 감사한 마음이 절로 들었다. 나 혼자 일방적으로 싫어했던 거라면 죄송할 뻔했는데, 아버님도 저를 미워해 주셔서 감사합니다, 라는 마음

원고와 피고, 그리고 사건본인

이었달까.

삼촌과 시부모님은 내 마음을 돌리는 것이 가능한가에 대해 의논하셨고, 대화가 오가던 중 '부부교육'이라는 것도 떠올리셨다고. 과연 '홍철 없는 홍철 팀'이었다. 당사자도 없이 무의미한 대화를 오래도 나눴을 어른들을 떠올리니 안타깝기도, 답답하기도, 죄송스럽기도 했다. 자식들의 이혼을 어떻게든 말려보려는 어른들의 노고에 조금은 송구한 마음이 들기도 했다.

변론기일 당일. 법원에 가지 않기로 했으므로 다른 날과 똑같은 하루를 보내고 있었다. 오전에는 아이의 온라인 수업을 도왔다. 점심을 먹여 태권도장에 보내고, 조용해진 집에서 마음을 다스렸다. 제발 아무 일도 일어나지 않기를. 그럼에도, 도무지 가만히 있을 수가 없어서 냉장고를 정리하고, 대청소를 하고, 침대 시트를 갈고, 샤워를 하고 난리를 쳤음에도 마음이 진정되지 않았다.

무엇을 불안해하는지도 모른 채 불안에 떨었다. 손끝이 달달달 떨리다가 급기야 호흡마저 불안해졌다. 숨, 숨을 쉬어야 했다. 습습 후후- 습습 후후-. 숨을 길-게 내뱉는 게 진정에 도움이 된다는 글을 어디서 읽었던가, 누구에게 들었던가. 아무튼 숨을 길-게 내뱉으며 숨쉬기에 열중하는데 담당 변호사로부터 전화가 왔다.

예정되었던 변론 시간에서 고작 12분이 지난 시점. 결과는 역시나 '속행.' 다음 변론기일을 잡는 것으로 마무리되었다고 했다. 남편 역시 참석하지 않았다고. 원고도 피고도 없이, 남의 가정사를 주제로 마주 앉은 양측 변호사는 각각의 의뢰인이 주장한 바를 전달했다. "원고는 이혼을 원한다." "피고는 이혼을 원하지 않는다." 결렬. 땅땅땅.

"얼마나 더 걸릴까요?" 변호사에게 물었고, "오래 걸릴 겁니다." 대답을 들었다. '오래'라…, 지나온 시간만큼 길지 않기를 간절히 바랐다.

결혼 불가능자, 결혼 희망자, 결혼 실패자가 만났다

부모님이 살아계셨다면 어땠을까. 이혼을 결심하고 결심을 행동으로 옮기면서 부모님 생각을 참 많이 했었다. 아마도 머리를 싸매고 몸져눕거나 호통을 치셨겠지. 그런 상상을 하고 있으면 차라리 이 꼴 저 꼴 안 보고 돌아가신 게 다행이다, 싶기도 하다.

'가족'이라는 카테고리에 부모님만 있는 게 아니므로, 당연히 내게도 남은 가족은 있다. 큰삼촌과 작은삼촌과 숙모와 오빠까지. 이혼을 결심하고 소송을 시작하면서 이 상황을 가족들에게 한 번은 설명해야 했다.

마음 따뜻한 숙모와 작은삼촌은 내가 어떤 결정을 하든 말없이 토닥여 줄 분들이었기에, 난관부터 해결(?)하는 게 나을 것 같았다. 가까이 사는 큰삼촌과 오빠에게 먼저 말하기로 했다. 큰삼촌은 가톨릭 사제이기에 평생 결혼이 불가능한 분이고 오빠는 아직 미혼. 이분들에게 실패한 내 결혼을 이야기하려니 조금 막막한 기분이

들었다. 어쨌거나, 결혼이 평생 불가능한 분과 결혼을 희망하나 아직 이루지 못한 분과 결혼에 실패한 나의 식사 자리는 마련됐다. 사제관(성당 내에 마련된 사제들의 거처)이라는 엄청난 공간에서, 세 사람은 마주 앉았다.

결혼이 평생 불가능한 분이 길게 한숨 쉬며 말씀하셨다. "결혼은 하느님께서 맺어주시는 신성한 결합이야. 그걸 사람이 함부로 깰 수는 없다. 네가 선택한 사람이고 네가 선택한 길인데 평생 책임을 져야지…" 결혼 실패자는 입을 다물었다. 하느님이 맺어주신 관계를 감히 깨려는 인간 나부랭이가 어떤 말을 할 수 있을까. 결혼 희망자가 결혼 실패자의 편을 들었다. "힘들어 죽겠다는데 어떡해요. 애부터 살려야죠." 결혼 실패자는 유구무언. 격하게 고개를 끄덕이는 것으로 맞장구쳤다.

결혼이 평생 불가능한 분이 말씀하셨다. "너무 힘들면 놔 버려야지, 어쩌겠냐 싶기도 하다. 일단 네가 살고 봐야지. 그런데 앞으로 어떻게 혼자 애를 키우고 직장을 다니려고?" 결혼 실패자는 구체적인 미래를 보여드리고 싶었으나, 보여드릴 미래가 없었다. 결혼 희망자가 또 한 번 힘을 보탰다. "어떻게든 되겠죠. 기도 많이 해주세요."

결혼이 평생 불가능한 분이 입을 다무셨다. 사제와 삼촌, 그 역할 사이에서 고뇌하고 계심이 느껴졌다. 사제로서 이혼을 독려할 수도, 삼촌으로서 조카의 불행을 두고 볼 수도 없을 테니.

이 모든 상황을 초래한 결혼 실패자는 할 말이 없었다. 그저 "죄송해요, 걱정하시게 해서"라고 작게 덧붙일 수밖에.

결혼이 평생 불가능한 분은 식사 내내 한숨을 쉬셨고, 결혼 희망자는 많이 먹으라며 결혼 실패자의 어깨를 두드렸고, 결혼 실패자는 꾸역꾸역 밥을 입에 넣었다. 무거운 식사가 끝나가고 있었다.

결혼이 평생 불가능한 분이 한탄하듯 말씀하셨다. "한 놈은 장가를 안 가고, 한 놈은…" 결혼 희망자가 대꾸했다. "한 놈은 갔다 온 거죠. 요즘 많아요. 갔다 온 사람들."

결혼이 평생 불가능한 분이 혀를 끌끌 차며 자리에서 일어나더니 냉장고를 열어 과일을 쓸어 담기 시작했다. 묵직해진 과일 봉투를 결혼 실패자에게 건네며 말씀하셨다. "이거라도 가져가라. 밥이나 잘 챙겨 먹고."

결혼 실패자는 고개를 들 수가 없었다. 그저 눈물만 뚝뚝 흘릴 뿐. 그 와중에 과일을 좋아하는 아들을 떠올리며 봉투를 넙죽 받아들었다.

IV

소송, 그 길고 긴 시간

조사 과정 내내 나는

결혼 '제도' 그 자체에 의문을 품게 됐다.

이 제도는 누구를 위한 것일까.

좋은 엄마, 나쁜 엄마, 이상한 엄마

육아휴직과 동시에 스트레스 0에 가까운 생활이 이어졌다. 그전에는 스트레스 요인 1, 2, 3위가 남편이었고 4, 5위쯤에 직장이 있었다. 육아휴직 후엔 매주 아이를 남편에게 보내지 않아도 됐고(그래서 남편과 마주치지 않아도 됐고) 출근도 안 하니 모든 스트레스에서 해방된 셈이었다.

오프라인 수업이 있는 날엔 아이를 학교에 보내고 그 시간에 글을 쓰거나 집 안을 정리하며 시간을 보냈다. 나는 어느새 일상이 되어 버린 행복을 당연하듯 누리고 있었다. 싸움이 사라진 평화로운 날이 계속되자 그것이 처음부터 내 것이었던 양 느껴졌다. 오늘도 평화롭다니 만세! 만세! 하던 내가 아아, 오늘도 역시 평화롭군, 하며 으스대고 있었다.

그즈음 겨울방학이 시작됐다. 나는 단 한 번도 아이와 그토록 오랜 시간을 함께 보낸 적이 없다는 것을 그때야 깨달았다. 아이가 어린이집과 유치원에 다닐 때도 나는 회사에 출근했기에 방학 때도 '어쩔 수 없이' 학원 같은 기관에 보내거나 남편이 돌봤다. 그러니 이번 방학이 아이와 내가 단둘이 집에서 맞이하는 첫 방학이 된 터. 매일매일 아이와 함께하다니! 너무 행복해야 했지만, 예상과 달리 매일매일 버거움을 느끼는 나 자신에게 몹시 놀랐다. 맙소사. 아이가 버겁다니! 이렇게나 엄마답지 못한 생각을 한다고? 정말 큰일 났구나, 싶었다.

고백하자면, 나는 꾸준히 죄책감을 느끼면서도 꾸준히 아이가 버거웠다. 코로나 시국이라 외출도 어려웠고, 집안에 단둘만 있으니 당연히 아이는 온종일 나만 따라다녔다. 끊임없이 말했고, 줄기차게 뭔가를 요구했으며, 지치지 않고 움직였다. 나는 아이의 모든 말과 행동에 일일이 반응해야 했다. 나의 반응을 기대하는 눈빛과 행동을 도저히 모른 척할 수가 없었다. 그러다 때가 되면 삼시세끼를 차리고 치우고 간식을 챙겨 먹이고 씻기고 재웠다.

아무리 용을 써도 나라는 사람은 '혼자 있는 시간'을 가져야 에너지가 충전되는 부류였기에, 결국엔 TV나 유튜브를 틀어주고 내 시간을 확보했다. 그럴수록 죄책감 또한 커져서 내 행동을 합리화할 핑계까지 굳이, 굳이 찾아냈다. 나는 이혼소송 중이며, 아버지 장례를 치른 직후이고, 지금은 코로나 시국이기에 예민하고, 슬프고, 피곤한 상태다. 그러니 아이도 나를 이해해줘야 한다고, 일방적으로 생각했다.

내 품으로, 이 공간으로 아이를 데려온 건 나였다. 아이의 의사를 물어본 적도 없었다. 일방적으로 데려와 놓고 아이를 버거워하는 엄마라니. 세상에! 엄마인 내가 이러면 안 되지, 싶다가도 세상에! 저렇게 말 많은 아이를 봤나! 하는 순간이 하루에도 수백 번씩 반복됐다. (남편과 마주칠 일만 없으면) 감정 기복이 거의 없는 내가 어느 순간부터는 아이에게 화까지 내고 있었다. 그건 정말, 나조차도 주체할 수 없는 일이었다.

굶으면 굶었지 이 상태로 방학을 보내는 건 무리라고 생각했다. 아이와 나 모두에게 이로울 게 없었다. 결국 피아노 학원을 찾아 등록하고, 아이를 학원에 보내기 시작했다. 아이가 학원에 있는 시간만큼 청구되는 학원비, 혼자 있는 시간을 돈 주고 산 기분이었다.

아이와 있는 시간이 버거울 때면 남편이 생각났다. 조금 더 정확히 말하자면 혼자 있을 남편의 '시간'이 부러웠다. 아이는 내가 키울 거라며 굳이 데려와 놓고 혼자 있는 남편을 부러워하다니. 스스로 생각해도 참 어이없었다.

남편 생각이 날 때마다 시댁의 집안 분위기도 떠올랐다. 시댁엔 식구가 많았다. 시부모님과 남편, 남편의 형제들. 집안은 늘 왁자지껄했고 아이는 그 집에 다녀올 때마다 들떠 있었다. 적막함을 좋아하는 내가, 고요한 내 집에서 절대로 만들어줄 수 없는 환경이었기에, 남편이나 아이가 원하면 묻지도 따지지도 않고 보내곤 했었다.

아이는 남편 집에 갈 때마다 늘 묻곤 했다. "엄마는 혼자 뭐 할 건데?" 아이 눈엔 내가 어떻게 비쳤을까. 혼자 있어서 쓸쓸한 엄마라고 생각했을까, 아니면 혼자 있는 걸 좋아하는 엄마라고 생각했을까. 만약, 혼자 있는 걸 좋아하는 엄마라고 생각했다면, 자신이 엄마를 귀찮게 하는 존재라고 생각하진 않았을까.

조용한 엄마 집과 시끌벅적한 아빠 집을 오가며 무엇을 느꼈을까. 그리고 내 아이는 조용한 엄마 집을 좋아할까, 시끌벅적한 아빠 집을 좋아할까. 나와 남편을 반반 닮았으니 둘 중 어느 것도 확신할 수는 없었다.

　첫 방학을 보내며 나는 아이에게 '훌륭한' 엄마가 되어줄 수 있을까? 끊임없이 고민했다. 아무리 생각해봐도 '자신 없다'는 결론이 나왔다. 나는 아이를 외롭게 만드는 엄마였다. 아이를 잘 키우려면 엄마부터 행복해야 한다는 걸 강조하면서 '엄마의 행복을 위해 너와 거리를 좀 둘게. 잠시 외로워하고 있으렴' 하고 방치하는 사람이었다. 내 욕심이 결국 아이를 망치고 있는 것은 아닐까, 두려웠다.

　별거와 소송을 시작하며, 아이를 남편에게 보내야겠다는 생각은 단 1초도 해본 적이 없었다. 하지만 나 하나 편해지자고 아이를 학원으로 쫓아내면서 '아이의 주거 환경'에 대해 진지하게 고민할 수밖에 없었다. 그때 처음으로 남편 집으로 아이를 보내는 것이 옳을까, 생각했다.

　지난 10여 년간, 내가 보고 경험한 바에 의하면 시댁도 분명 문제는 있었다. 하지만 내가 경험한 최악이 아이에게도 최악일 것이라고 단정할 순 없는 노릇. 최대한 객관적으로 생각해야 했다.

　혼자 머리를 싸매고 고민하다가, 결국엔 이 고민이 나 혼자만의 것임을 깨달았다. 판단력이 흐려져 잠시 잊고 있던 사실이 떠올랐다.

남편과 시댁 식구들을 통틀어 그 누구도 '아이만' 원하는 사람은 없었다. 그들은 아이를 키울 엄마까지 함께 원했다. 결국엔 내가 마음을 고쳐먹고 그들의 가족 관계에 다시 '합류'해야만 해결되는 일이었다. 그리고 나는, 그걸 받아들일 수 없는 사람이 되어 버렸다. 문제는 다시 원점으로.

아이는 누가 키우는 게 맞을까. 사실 나는 답을 알고 있다. '화목한 가정'을 이뤄 엄마 아빠가 함께 키우는 게 가장 좋은 방법이다. 그럼, 정답대로 살 수 없을 때는 어떻게 해야 할까. 최선이 불가능할 때 어떤 차선책이 가장 이로울까. 질문만 반복하는 것이 무슨 의미가 있나 싶지만, 자꾸만 묻게 된다. 무엇이 최선일까.

우리 집의 모양

　아이는 2학년이 되었고, 학기 초마다 진행되는 상담이 예정되어 있었다. 상담 날짜가 다가올수록 나의 고민도 점점 깊어졌다. '아빠 얼굴 그리기' 같은 숙제가 또 나오지 말라는 법은 없었다. 그런 숙제가 나올 때마다 언제까지 피할 수도 없는 노릇. 적어도 1년은 아이가 편하게 생활하려면, 어느 정도 가정 상황을 알리는 게 낫겠다고 판단했다.

　교실 문 앞에 도착하자 금세 마음이 바뀌었다. 아아, 그냥 말하지 말까, 소송 중이라고만 할까? 소송 중인 거랑 이혼은 다른 거니까 좀 나아 보이지 않나, 아닌가? 양보심이라곤 한 치도 없는 사람들로 보일까. 정말 미칠 것 같았다. 솔직히 말하자니 색안경을 끼고 아이를 볼까 두려웠고, 숨기려니 '아빠'와 관련된 과제 등이 1년 내내 주어질까 봐 걱정됐다. 무슨 내용을 상담했는지 기억도 나질 않는다. 상담 내내 말할지 말지를 고민하다가 상담이 끝날 즈음 용기를 냈다. 아이와 관련된 사람에게 이혼 이야기를 꺼낸 건 처음이었다.

"저어, 선생님. 사실 저희가 별거 중이에요. 아빠 얼굴 그리기 같은 걸 시키면 아이가 좀 당황하더라고요." 소송은 숨기고, 단어를 고르고 골라 말을 꺼냈다. 선생님은 대수롭지 않다는 듯 "어머님, 요즘엔 그런 집들 많아요. 조부모님이랑 사는 아이도 있고, 아빠랑 사는 아이도 있고. 집마다 이런저런 상황들이 있거든요. 절대 특별한 게 아니니 걱정 안 하셔도 돼요."라고 말했다.

거참, 이럴 때만 특별하지 않다는 말이 큰 위안이 된다. 평소엔 내 삶이 조금 더 특별해졌으면, 내 월급이 특별히 올랐으면, 내 아이가 좀 더 특별한 대우를 받았으면, 생각하다가도 내가 불리한 상황이 되면 특별함을 버리고 평범함 뒤에 나를 숨기려 든다. 인간 참 간사하다, 싶었다.

별거라는 단어를 꺼내면 선생님이 한껏 진지한 표정으로 "헐, 저런. 어쩌다가요?" 같은 말을 하고 그 뒤로 불편하고 어색한 분위기가 펼쳐질까 봐 두려웠다. 그러나 선생님의 평온한 반응을 보고 있자니 안심이 됐고, 너무 안심한 나머지 눈물이 그렁그렁 맺혔다. 아이고, 이러면 안 되는데 하필 이 타이밍에 눈물이 삐죽 나올 건 뭐람. 아이를 위해 상담을 온 건지, 나를 위해 상담을 온 건지 헷갈릴 지경이었다.

집으로 돌아오는 길, 떠오르는 생각은 단 하나였다. 어쩌면 편견에 사로잡혀 있는 건 나일지도 모른다고. 남들은 '이혼, 그게 뭐 어때서' 하는 문제를, 나 혼자만 엄청나게 불행한 상황으로 여기는 건 아닐까. 이혼하지 않은 가정에 대한 뿌리 깊은 열등감, 아이에게서 온전한 가정을 빼앗았다는 죄책감. 그런 마음들이 커져서 나의 상황을 실제보다 더 심각하고 커다란 문제로 여기는 건 아닐까.

그래, 나도 이혼은 처음이니까 이 모든 상황이 혼란스러울 터. 있는 그대로, 펼쳐지는 그대로, 나부터가 이 상황을 '담담하게' 받아들일 필요가 있었다. 이혼 가정. 이게 아이와 나의 현실인데 다른 집과 비교하는 게 무슨 소용일까. 내가 움츠리고 작아질수록 아이에게도 나쁜 영향을 미치리라. 아이는 나를 보고 배우며 자랄 테니까.

우리 가정은 이런 모습일 뿐, 아무것도 잘못된 건 없다.

한 달에 한 번, 변론기일

소송이 진행되는 속도는 느리고, 느리고, 느리고, 또 느려서 성격 급한 사람들은 끝을 보기도 전에 포기하겠구나, 생각했다. 그 무렵 나는, 이것이 아주 은밀하게 진행되는 일종의 국가사업일지도 모른다는 합리적인 의심까지 했다. 국가가 소송 기간과 절차를 일부러 늘리고 늘려서 이혼하려는 사람들이 지치다 못해 알아서 나가떨어지게끔 유도하는 것은 아닐까. 그래서 이혼율을 줄이려는 속셈이 아닐까, 의심했다. 그렇지 않고서야 도무지 납득할 수 없는 속도였다. 마감을 철저하게 지켜야 하는 직업을 가진 나로서는 이런 속도가 정말 이해되지 않았다.

뫼비우스의 띠 위에 올라선 기분이 드는 날들이었다. 어디가 시작점인지, 끝이 있기는 한 건지 도통 알 수가 없었다. 얼마나 흘러왔는지 얼마나 남았는지 가늠할 수도 없었다.

이토록 지루한 과정을 버티다 보면 '이런 고통을 감내하면서까지 왜 이혼하려고 하는가, 소송 따위 취하하고 평온한 척 살면 안 되는가?'를 스스로 끊임없이 묻게 된다(역시, 국가의 계략에 휘말린 걸까). 그러나 나는 휘말리지 않으리라. 버티고 버텨서 끝을 보고 말겠다고 다짐했다.

두 번째 변론기일은, 첫 번째 변론기일에서 정확히 5주 뒤로 잡혔다. 변호사를 선임한 지 7개월이 지나고 있었다. 육아휴직 기간 안에 모든 일이 해결되길 바랐지만 허황된 꿈일 뿐이었다.

두 번째 변론기일을 앞두고 남편의 답변서를 읽어봤다. 변호사 사무실에서 근무하는 대리님이 정신 건강을 위해 안 보는 게 좋을 거라고 말했지만, 그래서 꼭 보고 싶었다. "꼭 읽을래요!" 외쳤고, 읽었고, 예상대로 정신은 피폐해졌다.

'존경하는 재판장님'으로 시작하는 두 장짜리 자술서와 피고의 변호사가 작성한 답변서. "원고(나)의 청구를 모두 기각하기를 원한다."는 첫 문장만 보고도 심장이 뛰었다. 이혼이 기각되면 어쩌지, 하는 두려움이 있었기에 그 문장을 눈으로 직접 보는 것만으로도 충격을 받았다. 나약한 정신력 같으니.

답변서에서 가장 눈에 띄는 문장은 "아무것도 모르는 어린 자녀와 이 일로 크나큰 충격에 빠지신 부모님을 생각해서라도 원고와 함께 가정을 지키고자 한다."는 것이었다. 절로 한숨이 나왔다. 나와 함께 가정을 지키려는 이유가 어린 자녀와 부모님 때문이라니. 그럼 나는? 내 의견 같은 건 중요하지 않음이, 이 문장에서 너무나 절절히 와닿았다.

이어 "가정불화의 와중에 서로 격한 감정 중 오고 간 모욕적인 언사는 그것이 경미한 것이라면 이혼 사유에 해당하지 않는다." "다투는 과정에서 마음에도 없는 심한 말을 했고 상처 주는 말을 한 것에 대하여 깊이 반성하며 자책하고 있다." "감정이 격해진 피고가 실언했다." "상습적으로 폭언을 행사한 것이 아니었기에 원고가 피고와의 혼인관계를 지속하는 것이 가혹하다고 여겨질 정도는 아니었다." "원고가 마음을 돌려 가정으로 돌아와 아내와 어머니로서 생활할 수 있도록 하여 달라."는 내용이 구구절절 이어졌으나, 그 어디에서도 내 고통을 이해하고 있다는 생각은 전혀 들지 않았다.

모욕적인 언사는 경미했고 가혹하다고 여겨질 정도는 아니었다라…. 가혹함에 대한 판단의 주체는 대체 누구일까 정말 궁금했다. 고통을 겪은 내가 힘들었다고 말하는데, 그 정도를 누가 경미하다고 판단해 버리는 걸까. '피고 본인이 반성하고 있으니, 아이와 부모님을 위해 가정을 지키게 해 달라.'는 것이 내가 읽은 답변서의 요지였다.

두 번째 변론기일에도 참석하지 않았다. 여전한 서로의 입장 차이를 확인했을 뿐 별다른 일은 일어나지 않았다고, 변론기일 후에 담당 변호사가 전화로 알려주었다. 피고의 변호사는 "피고는 이혼을 원하지 않는다."고 말했고, 내 변호사는 "원고는 이혼을 원한다."고 말했다.

이제 다음 단계 '가사조사'가 시작된다고 했다. 법원에서 지정한 가사조사관이 두 사람을 만나 이야기를 듣고, 양육환경을 둘러보는 등의 과정이 진행된다고.

가사조사 날짜는, 두 번째 변론기일에서 한 달 후로 잡혔다. 평균적으로 한 달에 한 번씩 절차가 진행되는 듯했다. 첫 변론기일에서 한 달 후쯤 두 번째 변론기일이 잡혔고, 그로부터 한 달 후 가사조사 날짜가 잡혔다.

가사조사관이 전화를 걸어와 '상의 후에' 날짜를 잡는 것으로 알고 있었지만, 날짜와 시간을 통보받는 방식으로 조사 날짜가 정해졌다. 평일 오후 2시. 육아휴직이 아니라면 절대 참석할 수 없는 시간이었다. 의아했다. 이런 식이라면 직장 다니는 사람들은 소송이혼을 못 할 텐데, 연차를 박박 긁어모은다 한들 이게 가능할까? 궁금할 지경이었다. 육아 휴직이 끝나면 나 역시 직장으로 돌아가야 할 터. 그때까지도 일이 해결되지 않으면 이런 일이 닥칠 때마다 나는 어떻게 대처해야 할까. 일어나지도 않은 일이 벌써 걱정됐다.

⊛

첫 번째 가사조사는, 배정된 가사조사관을 법원 조사실에서 만나는 형태로 진행된다고 했다. 무려 원고와 피고가 '함께' 참석해야 한다는 이야기를 듣고는 진심으로 놀랐다. 어떻게든 만남을 피하고 싶은 내 마음 같은 건, 법 절차에 있어서 중요한 문제가 아니었다. 항의해 봤지만 '폭행이 없는 경우'에는, 둘을 한 자리에 불러 각자의 이야기를 '함께' 듣는 것이 일반적이라는 답변만 이어졌다. 받아들이기 싫었지만 그럼에도 가야겠지, 생각했다. 무려 한 달 만에 잡힌 가사조사를, 내 마음을 이유로 빠질 수는 없는 거니까. 폭행도 당하지 않은 나는, 진행되는 법 절차를 지연시키고 싶지 않았다.

가사조사, 무엇을 조사하나

다가오는 가사조사 날짜를 애써 외면하려 했지만, 실패했다. 머릿속 카운트다운은 멈추질 않았고 며칠 동안 잠을 설쳤다. 남편과 한 공간에 있어야 한다니. 어떻게든 피하고 싶다고 생각하면서도, '뭘 입고 가지'는 고민이 됐다. '입고 갈 옷이 없어요'를 이유로 빠질 수 있다면 참 좋으련만. '가사조사 참여 의상'도 검색해 봤지만, 그런 게 있을 리 만무했고, 가사조사관이 좋아할 만한 드레스코드 같은 걸 알 방법도 없었으므로, 무난해 보이도록 청바지에 검은 재킷을 입었다.

가사조사실은 생각했던 것보다 더 좁았다. 가로세로 2미터쯤 될까? 일반적으로 개인 사무실을 상상할 때 떠오르는 딱 그 정도 크기였다. 한 층에 여러 개의 가사조사실이 있었고, 조사날짜와 함께 장소까지 통보받았기에, 미리 지정된 곳으로 발걸음을 옮겼다. 방 한가운데에는 길이가 1.5미터 정도 될 법한 길쭉하고 하얀 테이블이 놓여있었다. 테이블 중간으로는 코로나 때문에 설치한 듯 보이는 투명 아크릴 가림막이 있었다. 그 가림막 한쪽에는 큰 모니터를 앞에 둔 조사관이 앉아 있었고, 반대편으로 의자가 셋 놓여 있었다. 입구 쪽 의자에 남편이 앉아 있었기에, 가운데 의자는 비우고 창가 쪽 의자에 착석했다. 창문 쪽으로 최대한 붙어 앉으려다 보니 테이블 모서리에 자리 잡게 됐다. 긴 머리카락을 내려 얼굴을 최대한 가렸다. 남편에게도 조사관에게도 내 얼굴은 보이지 않으리라. 조사관의 얼굴 역시 모니터에 가려 잘 보이지 않았다. 조사관이 날 바라볼 때, 모니터 위로 올라오는 두 눈만 볼 수 있을 뿐이었다.

　조사관은 길고 길게 '가사조사를 둘이 함께 받아야 하는 이유'를 설명했다. 각자의 진술서는 이미 다 받았으므로 따로 불러 가사조사를 진행하면 그 진술서 내용에서 한 걸음도 나아갈 수 없다, 함께 '사건'에 대해 이야기를 나눠야 한다, 서로의 기억 차이를 짚어야 한다, 등의 이야기를 했다. 또한 2~3회 진행되는 가사조사는 '모두' 둘이 함께 참석해야 한다고 했다.

　"저는 따로 조사받고 싶습니다."하고 뾰족하게 말해봤지만, 다시 길고 긴 설득이 이어졌다. 이 과정을 겪는 모든 사람이 불편해하지만, 대부분 받아들인다는 이야기를 듣고는 한발 물러설 수밖에 없었다. 요지는 "함께 받으셔야 합니다."였고, 그 말에 계속 토를 달면 '예민하고 까다롭다' 판단해버릴까 봐 망설여졌다. 저 사람이 쓰는 보고서가 판사에게 전달될 터. 내 이미지가 예민하고 까칠한 것으로 비쳐 앞으로의 진행이 '불리'해지는 것이 걱정됐다. 그래. 참아보자, 하는 쪽으로 마음을 굳혔다.

앞으로 진행될 가사조사에 대해 설명을 듣는 것만으로도 마스크가 축축해질 만큼 눈물이 났다. 아직 아무것도 시작된 게 없는데 이 눈물은 대체 뭐란 말인가. 여러 일들을 거치며 남편은, 내 심장과 눈물샘에 영향을 주는 엄청난 존재가 되어 버린 것 같았다.

두근, 두근두근. 연애할 때도 이렇게까지 반응했던 적은 없었던 심장이 작정한 듯 뛰고 있었다. 가사조사관과 남편은 무슨 이야기인가를 계속 나눴지만, 심장 소리가 너무 커서 그들의 대화가 귀에 들어오지도 않았다. 그들이 무슨 말을 하든, 내 호흡을 지켜내는 게 급선무였다. 심장이 뛰기 시작하면 호흡이 힘들어진다는 걸 몇 번 경험했기에 속으로 숫자를 세며 천천히, 조용히 숨을 쉬려고 노력했다.

아무 말도 없이 앉아서 들숨 날숨을 쉬며 눈물만 질질 흘리는 내게 조사관은, "쓰러질 것 같으면 말씀해 주세요."라고 했다. 세상에, 이런 스윗함이라니. 곧 쓰러질 사람이 "지금입니다! 지금 제가 쓰러질 것 같습니다!"라고 말하는 게 정말 가능한 일일까? 불가능할 것 같다고 생각하면서도, 나는 고개를 끄덕였다. 웃기는 건 이 와중에도 마스카라 상태를 걱정하는 내 모습이었다. 좀 더 '생기 있게' 보이려고 마스카라를 발랐던 내 선택을 후회했다. 아아, 찰나의 선택으로 나는 검은 재킷을 입고 까만 눈물을 흘리는 인간으로 저분께 각인되리라.

'조사'라는 이름이 붙은 과정이었기에, 탐정처럼 무언가 예상치 못한 질문을 쏟아낼 것이라 염려했었다. 하지만 별다른 건 없었다. 진술서를 기반으로 '양측 입장'을 듣는 것이 다였다. "이런 일이 있었다는데, 그 얘기를 한번 해볼까요?" 조사관이 질문하면 나 혹은 남편이 번갈아 가며 자신의 입장을 이야기했다. 대답에 대한 어떠한 평가나 논쟁 없이 다음 질문으로 패스. 남편과 나의 의견이 다를 경우에도 그 부분을 파헤쳐 결론을 내기보다는 "자, 이제 다른 이야기로 넘어가 볼까요."하고 중재하셨다. 조사관은 원고의 의견-피고의 의견을 '객관적으로' 정리하는 정도의 보고서를 작성하는구나, 라는

소송, 그 길고 긴 시간

걸 조사 내내 느낄 수 있었다.

결국, 꾸준한 질문들은 양육권은, 위자료는, 양육비는, 등으로 이어졌다. 이혼소송 전 인터넷에서 "위자료도 필요 없으니 빨리 끝내고 싶어요."라는 글을 읽을 때마다 안타까웠다. '이런 바보! 받을 수 있는 건 다 받아야지. 더 버텨야지!' 하며 얼굴도 모르는 사람들 일에 훈수를 두곤 했었다. 하지만 조사실 안에선 나 역시 그들과 똑같은 말을 하고 있었다. "이 소송이 빨리 끝날 수만 있다면, 모든 사항에 다 협조하겠습니다."

조사관의 기록에 나의 말은 어떻게 남겨질까. 멍청한 답변이었겠지. 잘 알면서도, 정말 진심으로 '빨리 마무리될 수만 있다면 무엇이든 하겠다'는 상태가 되어 있었다. 옆자리의 남편은, 꾸준히 이혼하지 않을 것이라고 말했다. "이 정도 사안으로 이혼 판결이 날 것이라 절대 생각하지 않기에, 위자료와 양육비 등을 구체적으로 생각해보지 않았습니다."라고 했던가. 내 마음과 상관없이, 이 소송은 한동안 이어질 것 같았다.

조사관의 질문 중에 인상적인 말도 있었다. "이혼하려는 의지가 가득 찬 게 10이라면, 어느 정도 의지를 가지고 계신가요?"

언젠가 병원에서 비슷한 질문을 받은 적이 있었다. "통증의 최고 치를 10이라 할 때 지금의 통증은 어느 정도인가요?" 참 신박한 방법이라 생각했었다. '아파요' '많이 아파요' '저려요' '쑤셔요' 등 언어가 가진 한계를 명확하게 숫자로 치환하는 놀라운 질문법.

조사관 역시 '의지'라는 추상적 항목을 수치화하려 노력하는 것이리라. 내 대답은 간단했다. "10이요. 무조건이요." 망설이지도 않고 답했다. 그간 겪어온 많고 많은 이야기는 그저 10이라는 숫자로 정리되어 버리겠지. '이혼 의지가 10인 상태의 원고' 그렇게 간단하게 정리되어 판사에게 넘겨지지 않을까.

오랜 고민과 갈등과 고통과 아이에 대한 죄책감…, 그 모든 것들은 하나의 숫자로 정리되고, 이 과정에서 괴로움을 느끼는 내 상태 같은 건 어디서도 다뤄지지 않으리라. 삶의 중대한 결정을 하려 법원을 찾은 나는, 법 절차가 진행될수록 소외감을 느꼈다. 어차피 이 사람들은 일을 하는 것일 뿐. 나 따위 인간의 소소한 고통과 눈물에는 관심이 없었다. 내 삶의 결정을, 이 무심한 사람들에게 맡겨야 하는구나. 참 이상한 일이었지만 별다른 방법은 없었다.

결혼이란 무엇일까. 조사 과정 내내 나는 근원적인 의문을 품게 됐다. 수많은 사람이 어우러져 살아가는 사회, 그곳의 안정을 위해 '법'은 필요한 것이라 평생 생각해 왔었다. 법을 어기는 사람들이 분명히 있을 테고, 그런 나쁜 놈들이 남에게 피해를 준다면 당연히 법으로 처리해야지, 하며 법의 필요성에 공감했었다. 법을 거스를 마음조차 품어본 적 없는, 나름은 준법 시민이었다.

하지만, 가사조사라는 것을 거치며 나는 결혼 '제도' 그 자체에 의문을 품게 됐다. 결혼을 왜 할까. 사람마다 이유가 다르겠지만, 지극히 개인적인 선택으로 결혼하지 않을까. 개인적이기만 했던 이 선택이 '거대한' 제도 안에 들어간다는 사실을, 결혼 전엔 정말 깊이 생각해 본 적이 없었다. 개인적인 선택을 되돌리는데, 제삼자의 판단이 필요하다니. 결혼이라는 사적 영역을 제도라는 공적 영역에 넣어두고, 나를 잘 알지도 못하는 누군가의 판단에 따라 내 삶이 좌우되어야 한다는 걸 정말 받아들이기가 어려웠다.

혼인신고 할 때와는 달리, 결혼제도를 벗어나려니 온갖 과정을 다 거쳐야 했다. 이 제도는 누구를 위한 것일까. 사회? 그럼 나 하나의 이혼이 공동선을 저해하나? 조사 과정을 거치며, 내 삶이 법에 따라 침해받고 있다는 생각을 떨칠 수가 없었다. 나는 무엇을 잘못했을까. 내가 불편해서, 내가 힘들어서, 숨쉬기가 어려워서 등등의 '소소한' 이유를 꾹꾹 참아내고 있는 나를 보면서, 대체 나는 무엇을 잘못해서 이 상황을 견뎌야 하는가를 고민해볼 수밖에 없었다.

　법 따위 무시하고 고함을 지르며 뛰쳐나가고 싶었다. 그냥, 행복하게 살고 싶을 뿐이었다. 아니, 행복은 무슨. 그냥 고통 없는 하루하루를 보내고 싶을 뿐이었다. 이런 것을 헌법에서는 '행복추구권'이라고 명명하지 않았나. 행복을 추구하는 개인의 권리는, 법 앞에서 마구 상처받고 있었다.

인생 최고의 결정

1차 조사 마무리쯤, 가사조사관이 2차 조사 일정에 대한 이야기를 꺼냈다. 본인의 일정표를 보여주며 날짜와 시간을 정하자고 했다. 조사관의 빼곡한 일정을 보니 이 조사를 받는 사람이 이렇게나 많구나, 새삼 느낄 수 있었다. 결국 한 달여 후로 2차 조사 날짜를 잡았다.

2차 조사가 좀 더 묵직하게 다가왔던 건 아버지의 기일 이틀 후로 날짜가 잡힌 까닭이었다. 1년 전, 아버지의 장례와 그 후의 일들. 그 시간이 소송까지 결심하게 된 결정적인 계기였기에, 1년이 이렇게 흘렀구나, 하는 실체감을 느꼈다. 1년 동안 소송이란 걸 하고 있다니. 나는 여전히 제자리를 맴돌고 있는 걸까. 혼인제도라는 틀, 그 틀을 벗어나는 게 정말 이렇게 어려운 일인 걸까.

아버지의 첫 기일 하루 전, 2차 조사를 3일 앞둔 날에 남편에게서 전화가 왔다. 남편 전화는 늘 반갑지 않지만, 특히 그날만큼은 정말 받고 싶지 않았다. 하지만 아이의 스케줄과 관련된 이야기일까 봐 망설이다가 받게 됐다.

"장인어른 기일에 어떻게 하기로 했는데?" 기일 일정을 물어보기에 아이를 데리고 친척들과 산소에 가기로 했다고 답했다. 남편의 질문이 이어졌다. "왜 나는 거길 못 가는 건데?"

무어라 답해야 할까. 왜 오고 싶은 건데, 물어야 하나. 오고 싶으면 오십쇼, 쿨하게 말해야 하나. 잠시 고민하다가 "오려면 와도 되는데, 내가 불편한데…"라고 말끝을 흐렸다.

"왜 내가 가는 게 싫은 건데? 내가 장인어른 기일에 못 갈 만큼, 이런 대접을 받을 만큼 잘못한 게 대체 뭔데?" 남편의 말이 이어졌다. 무슨 말을 더 해야 할까. 당신과 도저히 대화가 안 통해서 변호사를 선임했고, 우리의 문제라 여겨지는 것들을 진술서에 담았고, 그 문제에 관해 이야기하느라 가사조사를 이렇게나 받고 있는데, 이걸 또 왜 나한테 물을까.

"그런 건 변호사랑 이야기하는 게 나을 것 같아. 전화 끊을게." 나름은 대차게 말하고 전화를 끊어버렸으나, 전화는 연이어 울렸다. 한 번, 두 번… 받지 않았으나 전화는 쉬지 않고 울렸다. 이걸 안 받으면 불쑥 찾아오겠지, 싶어서 결국 전화를 받았다.

"이런 대접을 받을 만큼 내가 잘못한 게 대체 뭔데?" 그는 화가 나 있었다. 잔뜩 격앙된 그의 목소리를 들으며 심장이 또 나대기 시작했다. 예전이었다면 한마디도 못 꺼냈을 상황. 하지만 이번엔 달랐다. 내 안의 무언가는 분명 변한 듯했다. 전화 통화라는 거리감이 용기를 준 것인지 알 수는 없었지만, 스스로가 낯설 만큼 빽빽 소리를 질러댔다. 1년 전 마트에서 그랬던 것처럼. 달라진 게 있었다면 이번엔 길거리였다는 것.

소송 전부터 꾸준히 얘기했던 문제를, 또다시 설명해야 했다. 내가 무슨 말을 하든 남편도 똑같은 질문을 반복했다. "그러니까, 대체 내가 뭘 잘못한 건데? 앞으로 다 고치겠다잖아." 이혼 '당할 만큼' 잘못한 게 없다는 남편. 그 말 뒤에는 늘 "내가 바람을 폈니, 도박을 했니?"라는 말이 이어졌었다. 이혼소송을 시작하며 그토록 설명했지만, 그는 여전히 자기 잘못을 내게 묻는다. 똑같은 대답을 반복해도, 또 같은 질문을 던지는 대화. 통화는 1시간가량 이어졌다. 도돌이표, 무한반복…. 무슨 단어로 이 답답함을 설명할 수 있을까.

"제발 그만 좀 하자. 끊을게"를 여러 번 반복하고서야 전화를 끊을 수 있었다. 그는 통화 말미에 웃으며 말했다. "그래도 오랜만에 목소리 들으니까 좋네."

　전화를 끊고 당장 앉을 수 있는 곳을 급히 찾았다. 눈에 보이는 아무 벤치(의자가 아니라 조형물이었던 것 같기도 하다)에 앉아 천천히 숨을 쉬었다. 습습 후후. 습습 후후. 암담함? 답답함? 비참함? 어떤 단어로 이 감정을 표현해야 할까. 여전히 그는, 내 말을 전혀 이해하지 못하는 듯했다. 아니, 이해할 생각이 없는 듯했다. 나는 통화 내내 그에게 고통을 호소했지만 그럼에도 돌아오는 답이 '목소리 들으니까 좋네.'라니. 상대의 감정에 무감각한, 그 어떤 경지가 되어야 저런 말을 할 수 있을까. 내 감정은 그에게 느껴지지 않는 걸까? 더는 남편에 대해 생각하지 않으려고 애썼다. 대체 왜 저럴까, 어떻게 저렇게 말할 수 있을까. 그런 건 중요하지 않았다. 다만 거듭 생각했다.

　'내 선택은 완전히 옳았어. 저런 사람과 헤어지려 한 내 선택은, 인생 최고의 결정이야.'

두 번째 가사조사도 별일 없이 마무리되었다. 첫 번째 가사조사는 오전 10시에 시작해 12시 30분에 마무리되었고, 두 번째 가사조사는 오후 2시에 시작해 5시 30분에 마무리되었다. 2시간 30분, 3시간 30분. 엄청나게 긴 시간이었다. 하지만 7여 년의 결혼생활을 속속들이 파헤치기엔 부족한 것도 같은 시간이었다.

가사조사관은 남편에게 "만약 이혼하게 된다면, 양육권과 친권을 포기할 의향이 있으신가요?" 물었고, 남편은 "이혼 판결이 내려질 것이라 한 번도 생각해보지 않았기에, 구체적으로 생각해본 적 없습니다."라고 대답했다. 가사조사관이 "조사를 진행하는 데 있어서 '방향성'은 중요하기에, 어느 정도는 생각을 해보셔야 합니다." 말했고, 남편은 "이 가정이 깨지기를 원하지 않습니다."라고 답했다. 지켜보면서도 거참, 돌림노래 같은 대화라고 생각했다.

이번엔 가사조사관이 내게 물었다. "만약 양육권을 남편분이 가지게 되면, 양육비를 지급할 의사는 있으신가요?" 아이를, 남편이, 데리고 간다…? 그들이 아이를 키워낸다? 아이와 내가 함께 보낸 첫 겨울방학 때 치열하게 고민했고, 이미 결론 내린 문제였다. '아이는 무조건 내가 키운다.' 그럼에도 나에겐 '보조 양육자'가 없으니 든든한 가족관계가 있는 그 환경이 아이에게 더 좋겠다는 '판결'이 난다면 고집을 부리지는 않으리라 상상했었다. "법적으로 정해진 양육비를 모두 지급할 의사는 있지만, 쉽게 양육권을 포기하고 싶지는 않습니다." 고집부리지 않겠다고 생각해놓고, 그럼에도 고집부리며 대답했다.

모든 환경적 요인을 생각하더라도, 아이 양육을 온전히 남편에게 맡기기엔 불안했다. 보조 양육자가 없다 해도, 내 새끼는 내가 길러내고 싶었다.

세 번째 가사조사 역시 한 달 후쯤으로 잡혔다. 당일 아침, 남편에게서 카톡이 왔다. 열이 난다고, 해열제를 먹어도 열이 떨어지지 않는다고 했다. 카톡을 읽고 가장 먼저 한 생각은 '코로나인가? 잠깐만, 애가 남편을 언제 만났었지?'였다.

코로나가 아니라는 남편의 이야기를 듣고 떠오른 감정, 솔직히 기뻤다. 누군가의 아픔에, 심지어 남편이었던 사람이 열이 펄펄 난다는데 그 사실을 기쁘게 받아들이다니. 정말 엉망이구나 싶었지만 기쁜 건 기쁜 거였다. 남의 아픔에 관심 없는 건, 남편이나 나나 마찬가지인 듯싶기도 했다. 남이야 아프든 말든, 일단 오늘 얼굴을 마주하지 않아도 됨이 그저 신났다.

가사조사관에게 전화를 걸어 상황을 설명했다. 가사조사관은 잡아둔 일정이 있으니 3차 조사는 '나 혼자' 받는 형태로 진행하자고 했다. 남편은 열이 떨어진 이후에 다시 약속을 잡겠다는 이야기였다. 오예! 기분이 너무 좋아져서 스스로가 웃었다. 아침에 눈 떴을 때만 해도 '젠장, 가사조사!'하며 욕을 해댔는데, 순식간에 오예!를 외치며 룰루랄라 하는 상황이라니.

예상보다 20분이나 일찍 법원에 도착했다. 자녀양육교육을 받으러 처음 법원에 왔을 때가 떠올랐다. 그땐 지도 앱에서 눈을 떼지 못하고 길을 찾아 헤맸었다. 이번으로 네 번째 방문. 법원 가는 길목에 있는 커피숍에서 커피까지 사 들고는, 늘 다니던 길을 걷듯 익숙하게 조사실까지 찾아갔다. 법원 구조에 익숙해질 일이, 내 평생 있을 줄은 정말 몰랐다.

3시간 정도로 예상했던 가사조사는 2시간 만에 마무리되었다. 해도 해도 똑같은 이야기의 반복이라 할 말도 별로 없었다. 그저 가장 힘들었던 것들에 대해 다시 한번 정리해서 전달하는 정도의 시간이었다. 그 와중에 가사조사관은 기억에 오래 남을 만한 질문을 내게 던졌다.

"결혼 전에는 이런 사람인지 모르셨어요?" 정곡을 찔린 기분이어서 대답하기 망설여질 정도였다. "아뇨, 알았어요. 근데 결혼하면, 애가 태어나면, 가정이 안정되면, 점점 나아질 거라고 그냥 저 혼자 기대했던 것 같아요."

그래, 기대. 내 머릿속에 있는 '이상적인' 가정을 이룰 수 있을 것이라는 막연한 기대. 어쩌면 이 결혼은, 내 망상이 낳은 참사인지도 모르겠다. 맞벌이하며 아이 양육을 위해 함께 노력하고. 그런 게 당연하다고 나 혼자 믿고 있었다. 상대를 정확히 파악하기보다, 내 망상 안에 상대를 집어넣고 당연히 그렇게 될 것이라 착각했었다. 멍청하게도 헛된 기대와 꿈을 품었던 나. 그 모든 꿈이 절대로 이루어질 수 없음을 인정하는데 참 오래도 걸렸다. 이제라도 알았으니 다행이라고 해야 할까?

그 모든 기대를 놓아버린 내 삶은, 이제 어디로 가는 걸까.

궁금했던 가정방문

3차례의 가사조사 후엔, 가정방문이 이어졌다. 가사조사관이 두 양육자의 거주지를 직접 방문해 어느 쪽이 아이에게 더 나은 환경인지를 살핀다는 그 순서. 이혼을 준비하면서 계속 궁금했던 것이 가정방문이었다. 뭘 살펴보는지도 궁금했고, 아이와 나, 가사조사관 셋이 마주 앉아 무엇을 하는지도 의문이었다.

가정방문 날짜가 잡히고는 무척 신경이 쓰였다. 솔직히, 잘 보이고 싶은 마음이 컸다. 아이와 내가 사는 이 집이, 남편의 것보다 더 좋아 보이기를 바랐다. 그런 마음 때문이었을까. 가사조사관이 11시에 집을 방문하겠다며 최종적으로 알려왔을 때, 나는 가사조사관에게 밑도 끝도 없는 질문을 했다. "11시요? 그럼, 점심은 어떡해요?"

11시에 방문하는데 1시간쯤 걸린다고 하니, 자연스레 점심이 떠올랐을 뿐이었다. 내 점심을 어떻게 하냐는 건지, 아이의 점심을 어떻게 하냐는 건지, 조사관의 점심을 어떻게 하냐는 건지, 묻는 나도 몰랐다. 그저 입 밖으로 말이 나가버린 상황. 가사조사관 역시 이 질문의 의도가 무엇인지 짐작해 보는 듯 2~3초의 정적이 흐른 후에 대답했다. "저는 12시에 나와서 알아서 해결하고, 2시에 ○○○씨 자택(남편의 집)으로 갑니다." "아, 그럼 아이는 그 시간에 밥을 먹으면 되겠네요." "네."

알아서 해결한다는 가사조사관의 말을 듣고 조금 안도했다. 설마 내가 준비해야 하는 건가, 하는 헛된 상상을 잠시 했었기에. '성격 좋은' 사람으로 보이려면 "어머~ 우리 집에서 드시고 가세요." 하며 붙잡아야 하나, 잠시 고민했지만 내가 직접 요리를 하는 불상사가 벌어져선 안 될 것 같았다. 내 요리 수준의 참담함은 정말 숨기고 싶은 정보 중 하나였으니까.

"그럼, 집에서는 뭘 준비하면 될까요?" 전화를 끊기 전 가사조사관에게 물었다. 조사관은 "그냥 편안하게, 집에서 하던 그대로 계시면 됩니다." 하고 대답했다. 편안하게? 집에서 하던 그대로? 그건 정말 어려운 일이 아니던가. '들어오지 마세요'하고 문을 닫아걸어야 '편안하게' 있는 게 가능하지 않을까.

무려 법원에 고용된 가사조사관이 집에 온다는데, 아무 준비도 없이 맞이할 수는 없었다. 가정방문이 일주일쯤 앞으로 다가오자 매일매일 집을 살펴봤다. 아이가 늘 쓰기에 책상 위에 펼쳐둔 채 사용했던 사인펜과 색연필. 그것들이 자꾸 눈에 거슬려 결국 작은 트롤리 하나를 구매해 그곳에 모두 정리해 버렸다. 어느 날은 피아노 위에 쌓인 먼지가 거슬려 닦아냈고, 욕실 청소와 냉장고 정리까지 했다. 가정방문 하루 전날은, 정말 열심히 청소했다. 아이를 재우고 이 방 저 방을 훑으며 최종 점검도 했다.

'공부도 시키는 엄마'임을 알리려 책상 위에 학습지를 어색하게 펼쳐두고, 거실 한쪽 잘 보이는 곳엔 부자연스럽게 육아 책도 몇 권 가져다 뒀다. 편안함은 무슨 '나 애한테 신경 쓰는 엄마예요'를 알리고 싶어 용을 썼다. 내가 별생각 없이 방치한 어떤 것이 '양육 부적격자'로 낙인찍히는 결과를 가져올지도 모른다는 두려움. 무엇이 단서가 될지 알 수 없었기에, 구석구석을 자꾸만 살펴보게 됐다.

나는 어떤 모습으로 가사조사관에게 보이기를 바라고 있는 것일까. 청결한 상태로 집을 유지하고, 정성을 다해 식사를 차려주며, 적당한 수준의 교육열을 가지고, 지극히 평범하지만 다정하고 온화한 모습으로 아이를 돌보는 양육자. 머릿속 어딘가에 새겨져 있는 '이상적인' 엄마의 모습을 흉내 내고 있다는 생각도 들었다. 스스로 그런 존재가 아님을 잘 알고 있으면서도, 하루만큼이라도 그런 존재로 보이고 싶어 하는 이상한 마음.

그리고 또 고민 하나. '아이에게 가사조사관을 누구라고 설명해야 할까?'를 꽤 진지하게 고민했다. 솔직한 게 가장 좋은 것이라는 말, 잘 알고 있었지만, 아이에게 대놓고 '엄마 집 아빠 집 중에 어디가 더 좋은 환경인지 보러 오신 분'이라고 가사조사관을 소개하기는 망설여졌다. 이혼이라는 단어도 인식하지 못한 아이에게, 차마 그렇게 말할 수는 없었다.

그럴듯한 거짓말을 짜내야 했다. 얼마 전 학교에서 아동학대에 대해 배웠다는 아이의 말이 문득 머리를 스쳤고, 그걸 엮어 '선생님' 으로 가사조사관을 소개하면 거부감을 줄일 수 있겠다는 생각이 들었다. "요즘 학대받는 아이들이 많대. 너도 학교에서 배웠지? 그래서 나라에서, 미래를 이끌어 갈 귀한 어린이들이 어떻게 지내는지 가정 환경을 살펴보라고 선생님을 보내주신대." 아이는 별 의심 없이 내 거짓말을 받아들였다. "친구들 다 받는 거야?" "아니, 엄마가 신청했어. 혹시나 엄마가 모르는 문제가 우리 집에 있을지도 모르잖아. 그런 걸 잘 아는 분이 와서 네가 지내는 환경을 살펴보면 좋을 것 같더라고. 아빠 집에도 가실 거야."

조사관과의 전화 통화에서도 이 부분을 미리 설명했었다. 아이에게 조사관의 존재를 이렇게 설명했고, 따라서 '선생님'이라는 호칭을 당신에게 사용할 것인데 양해를 바란다고. 다행히 조사관은 잘 수긍했고 이해해 주었다.

결국, 아이에게 대놓고 거짓말을 한 셈이었다. 남과 짜고 내 아이를 속인 상황. '어쩔 수 없잖아' 생각하면서도, 아이에게 죄책감이 드는 것 역시 어쩔 수가 없었다.

가사조사관이 약속한 시각은 오전 11시. 10시 58분에 벨이 울렸다. 예상은 했지만 역시나 너무 정확한 시간에 맞춰 오니, 새삼 긴장이 됐다. 인터넷을 찾아봐도 가정방문 시 하는 일들에 대한 뚜렷한 소개가 없었다. 그저 두루뭉술하게 '양육환경을 조사한다'는 설명뿐.

'1시간 동안 무얼 하는 걸까?' '아이에게 이상한 걸 질문하면 어떡하지?' 불안한 마음도 있었다. 서로 인사를 나누고, 아이를 앞에 앉힌 가사조사관은 하루를 어떻게 보내는지 아이에게 물었다. 학교 가고, 학원 가고, 하는 일은 뻔했다. 그리고 이어진 질문은 "집에 있을 때는 보통 뭘 하니?"였다. 아이가 클레이를 만든다고 하면 "한번 보여줄래?" 하셨고, 아이가 피아노를 친다고 하면 "한번 보여줄래?" 하셨다. 내 새끼에게 숨겨져 있던, 엄청난 자랑 욕구를 남김없이 펼쳐 보인 시간이었다. 아이는 잔뜩 신나서 클레이 작품들을 보여줬고, 외우고 있는 피아노 연주곡 두어 개를 선보였다. 딱딱한 느낌의 사람일 거라고 생각했던 가사조사관의 이미지도 완전히 바뀌었다. 조사관은, 지금 생각해봐도 정말 '리액션의 여왕'이었다. 마치 아이와 놀아주러 온 사람처럼 즐겁게 웃으며 아이의 말과 행동에 반응해 주었다.

"와- 우와- 대단하다!" 조사관의 칭찬은 내 아이를 춤추게 했다. 아이는 급기야 조사관의 손을 덥석 잡고 이 방 저 방으로 끌고 다녔다. 완성 그림을 넣어두는 액자를 보여주고, 최근에 산 블록으로 집 짓기도 보여주며 아주 신이 나 있었다. 옆에서 계속 지켜보며 처음엔 함께 웃다가 점점 의아해졌다. '가정방문이 원래 이런 건가? 이렇게 그냥 노는 게 다야?'

'아이와 매우 잘 놀아준다'는 점 말고도, 보통 손님과 다른 점 두 가지가 눈에 띄었다. 하나는, 그 어떤 음식에 절대로 손대지 않는다는 것. 어쨌든 집에 온 손님이니 음료수와 커피, 물 등을 권했지만 "괜찮아요, 안 주셔도 됩니다."라는 대답을 들었다. 그럼에도, 저렇게 쉬지 않고 반응하면 정말 힘들겠다는 생각이 절로 들어서 물을 컵에 따라서 바로 앞에 놓아뒀지만 입도 대지 않았다. 썰어둔 과일도, 담아둔 과자도 먹어서는 안 되는 것처럼 행동하는 느낌이었다. 코로

소송, 그 길고 긴 시간

나 시국이어서 그런 건지 원래 그런 건지 알 수는 없었지만, 아무튼 마스크를 절대로 잠시도 내리지 않았다.

두 번째는, 사진을 찍는다는 것. 아이와 잘 놀고 돌아갈 무렵이 되자 "네가 어떤 곳에서 지내는지, 선생님이 사진을 좀 찍어가도 될까?"하고 아이에게 물었고, 내게도 따로 물어봐 주었다. 그러고는 거실, 부엌, 각 방, 욕실 사진을 정면에서 한 컷 한 컷 찍었다.

한 시간이 흐르고 집을 나서는 길. 가사조사관은 망설이는 듯하다가 한마디를 작게 덧붙였다. "이 아이는 정말, 사랑 많이 받고 지내는 티가 나요." 역할 혹은 상황의 특성상, 가사조사관이 본인의 생각을 말하는 경우는 없었다. 그 말이 진실인지 알고 싶었던 걸까. 나는 가사조사관을 바라봤고, 눈이 마주치는 순간 울컥 눈물이 차올랐다. 혼자 오해한 것인지는 모르겠지만, 나는 그녀의 눈빛에서 진심을 느꼈다. 조사 내내 아이 걱정을 하는 걸 지켜봐 온 상황이었기에, 무슨 말이라도 해주고 싶었던 걸까. 눈에 담긴 따스함이 그대로 전해져, 나는 그 자리에서 울어버리고 말았다.

지금도 잘 모르겠다. 나를 위로하려고 건넨 말인지, 의례적인 말이었는지, 생각난 바를 그저 말했던 건지. 어떤 의도였든, 그 말은 나에게 엄청난 위로로 다가왔다. 이런 상황을 벌인 엄마이고, 때로는 화도 내고, 때로는 폭발도 해버리지만, 그럼에도 아이가 사랑받은 티를 내며 자라고 있다니. 사랑받은 티가 구체적으로 어떤 것인지 자세히 물어볼 틈은 없었지만, 앞으로도 그런 티를 마구마구 내면서 아이가 자라기를 바라게 됐다.

가정방문까지 4차례의 가사조사를 마치고, 앞으로 또 뭐가 남은 건지 궁금해서 담당 변호사에게 전화를 걸었다. 변호사는 가사조사관의 보고서를 본 판사의 결정에 따른다고, 여러 가지 가능성이 있다고 말했다. 변론기일이 잡히거나 조정 단계로 넘어가거나 부부 상담이 이어질 수도 있다는 이야기. 확실한 건, 가사조사를 끝으로 판결이 내려지는 일은 없다고 했다. 이쯤 되니 또 물어볼 수밖에 없었다. "대체 언제쯤 판결이 날까요?" "천천히, 조급하게 생각하지 않는 게 좋을 것 같아요." 역시나 그랬다.

1년의 육아휴직도 얼마 남지 않은 시기였다. 육아휴직 중에 모든 과정이 끝나기를 바랐던 건, 역시 너무 큰 욕심이었던 것 같다. 내가 열심히 노력한다고 해결될 문제도 아니었고, 내가 할 수 있는 일도 없었다. 그저 진행되는 법 절차에 몸을 맡기고 흘러갈 뿐. 언젠가는, 언젠가는 끝이 나겠지. 조급한 마음을 내려놔야 버틸 수 있는 것이 이혼소송인 것 같다. 정말.

소송, 그 길고 긴 시간

상담을 명 받았습니다

　가정방문을 마친 건 7월 말. 8월 중순이 되었을 때 가사조사관이 제출한 '가사조사관 보고서'가 PDF 파일로 전송되어 왔다. 변호사 사무실에서 보낸 것이었다. 보고서는 굉장히 '중립적인' 입장에서 쓴 사실들의 나열이었다. 형용사가 끼어들 여지가 없는 건조한 문장들이 19장의 보고서를 채우고 있었다. 원고는 이렇게 이야기했고 피고는 저렇게 이야기했다는 사실들. 각 가정의 상황 역시 사진과 함께 객관적으로 서술되고 있었다. 방이 몇 개, 용도는 어떻게 같은 내용이 다였다. '어느 집이 아이에게 좋은 것 같다'는 식의 평가는 전혀 찾아볼 수 없었다. 판사에게만 전해지는 가사조사관 보고서가 있다고 들었으나, 내용을 볼 수는 없었다.

　굳이 눈에 띄는 부분을 꼽자면 '주변 자원(양육보조)' 부문이었다. 내 자리엔 단 한 줄 '육아 돌보미 고용 예정'이 적혀 있었고, 남편의 자리엔 어머님과 시동생들의 의견이 서술되어 있었다. 아이를 사랑한다, 아이가 상처받지 않고 자라기를 바란다는 이야기들이 빼곡했다. 양육을 보조할 사람도 없는 상황에 소송을 질러 버린 내 처지가 확실하게 와닿는 부분이었다. 다른 항목들을 다 채워 넣어도, 도무지 내가 채울 수 없는 넓고 넓은 빈자리가 구체적인 크기로 눈앞에 펼쳐져 있었다. 내 곁의 부모님 자리가 비어 있는 것처럼, 보고서도 한 칸이 텅 비어 있었다.

가사조사관 보고서를 읽고 일주일쯤 뒤에 변호사 사무실에서 전화가 왔다. 판사가 부부 상담을 '명령'하셨다고 했다. 일상생활 중에 접하기 어려운 '명령'이라는 단어가 이질적으로 느껴졌다. 거부권을 행사하는 건 소용없다는 얘기 같았고, 명령받은 자는 명령을 따를 수밖에 없는 듯했다. 판사로부터 명령 같은 걸 받는 일이 내 인생에 펼쳐지고 있음이 낯설었다. 무엇을 느끼든, 아무튼 받아들일 수밖에 없었다. 매우 적극적으로 협조하여 조금이라도 빨리 절차가 진행되도록 하는 것이 할 수 있는 일의 전부임을, 나는 배워가고 있었다.

며칠 후엔, 상담센터에서 전화가 걸려 왔다. 가정법원과 연계된 상담센터가 여러 곳 있고, 남편과 나 각각의 거주지에서의 거리를 고려해 가장 가까운 곳으로 상담센터가 배정된다고 했다. 집에서 차로 10분 남짓 걸리는 곳. 전화를 걸어온 상담사는 보통 8~10회 정도 상담이 진행된다고 이야기하며 앞으로의 과정을 설명해 주었다. 부부 각자의 개인 상담 후에는 '함께' 몇 차례의 부부 상담을 받아야 한다는 이야기도 이어졌다. 지금까지의 소송 과정이 거의 한 달에 한 번 간격으로 진행됐기에, 상담 횟수를 듣고는 뜨악했었다.

"여덟 번의 상담이면 8개월이 걸린다는 이야기인가요?"라는 내 질문에 상담사는 "최대한 일정을 당겨서 빠르게 진행하겠습니다." 대답했고, 구체적인 일정은 만나서 이야기하자고 했다. 통화를 하고 일주일 후, 평일 오전 9시에 1차 상담을 예약했다.

살면서 한 번쯤, 경제적 여유가 허락된다면 더 많이, 상담이라는 것을 받아보고 싶다고 생각한 적이 여러 번 있었다. 결혼 초, 남편과의 싸움을 이어갈 땐 제발 누구라도 우리 이야기를 들어주길 바랐었다. "당신 정말 말이 안 통해!"라는 말을 서로를 향해 쏘아댈 즈음에도, '제삼자의 객관적인' 눈으로 봐도 정말 내가 이상한 것인지를 묻고 싶을 때가 많았다. 그날들이 흐르고 포기와 체념이라는 단어까지 모두 습득한 후, 뜬금없이 부부 상담을 받게 됐다. 상담 전 가장

뚜렷이 떠오른 걱정은 딱 하나였다. '이혼하지 말라는, 길고 긴 설득을 듣는 게 상담이면 어떡하지?'

소송 과정 내내 나는, 형체가 없는 법이라는 것이 나의 이혼을 말리는 것 같다는 느낌을 강하게 받고 있었다. '건방지게 혼인제도에서 벗어나려 하다니! 너의 인내심을 시험해 주겠어!' 하는 느낌이랄까. 그렇기에 8~10회라는 어마어마한 횟수로 다가오는 상담은, 이미 결심한 이혼을 번복하게 하려는 법원의 노력쯤으로 느껴졌고, 절대 번복하지 않으리라는 결심을 다지며 상담 날을 기다렸다.

그래서였을까. "안 좋은 일로 뵙게 되어 유감이네요."라는 상담사의 첫인사에도 잔뜩 날을 세우며 대답했다. "제 인생에서 최고로 잘한 결정이라서, 안 좋은 일은 아닌 것 같은데요." 나는 웬만한 상황에선 감정을 잘 드러내지 않으려 애쓰는 사람이었으나 이날만은 그게 잘 안됐다. 나는 방어적이고 공격적인 태도로 말을 이어갔고, 그런 스스로가 매우 낯설게 느껴지기도 했다. "저는, 이혼을 번복할 마음이 전혀 없습니다. 이 상담의 목적이 그것이라면 협조하고 싶지 않습니다." 경력이 많아 보였던 상담사는 웃으며 말했다. "뭔가 오해하고 계세요. 상담은 목적이라는 게 없습니다. 이혼을 막을 생각도 없고 부추길 생각도 없어요. 좀 더 편안하게 이 상황을 받아들일 수 있게 도우려는 것뿐이에요. 그 도움이 아이가 안정적인 생활을 하는

데도 도움이 되길 바라는 거고요."

할 말이 없었다. 내 삶과 아이의 생활을 돕겠다는 의도라면 협조하지 않을 이유도 없었다. 날 선 감정들을 일단 가라앉혀야 할 것 같아서 물을 마시며 숨을 골랐다. 상담은 어린 시절의 것부터 진행됐다. "부모님은 어떤 분들이셨죠?" "어린 시절, 부모님과의 관계는 어땠나요?" "그런 어머니(혹은 아버지)를 볼 때 어떤 감정을 느끼셨나요?"

'부부 상담'이었기에 부부의 이야기부터 물을 것이라 예상했었다. 내 돈 내고 개인 상담을 받으러 온 것도 아닌 주제에, 인생을 돌아보는 귀한 시간을 갖길 바라지도 않았었다. 하지만 의외로 상담은, 내 삶 전체를 돌아보는 것으로 진행됐다. 상담사는, 상담까지 명령받아 이곳에 온 대부분의 부부는 원가정의 문제에서 벗어나지 못하는 경우가 많다고 말했다. 자신들의 부모 모습을 그대로 재현하고 있으면서도 인지하지 못하는 일이 많기에, 그 부분을 인식하게 하는 것이 상담의 시작이 될 수밖에 없다고 했다.

원가정의 문제라…. 다른 이들은 이런 질문을 스스로 자주 할까. 정말 모르겠지만, 내 경우엔 상담받았던 시기가 좀 특이한 상황이긴 했다. 첫 책 《만나지 못한 말들》을 퇴고하던 시기. 몇 달 동안 부모님에 관한 글만 썼고 그 글들을 퇴고하던 중에 또다시 부모님에 대한 질문을 마주한 상황. 상담사가 묻는 부모님에 대한 질문이 무엇이든지, 정말 잠시의 망설임도 없이 기-승-전-결이 갖춰진 이야기를 줄줄 읊어댈 수 있었다. 말을 하다 보면 꽤 자주 헷갈렸었다. 이게 '지금의 내 생각'이 맞나. 아닌데, 어제 퇴고한 글에 이 부분이 있었던 것 같은데. 갈팡질팡. 그 와중에 거침없이 대답을 이어가는 나를 상담사는 빤히 쳐다보곤 했고, 두 번째 상담 때엔 묻기도 했었다. "평소에 이런 생각을 많이 하셨어요? 어쩜 이렇게 막힘없이 이야기하시는 거죠?"

이쯤 되면 솔직히 말할 수밖에 없겠다는 생각이 들었다. 글을 쓰고 있다는 이야기를 굳이 밝히고 싶지 않았고 남편 귀에 들어갈 것이 염려돼 꺼내지 않았었지만, 솔직히 답해야 할 것 같았다. '육아휴직 후 매일매일 글을 쓰고 있으며, 부모님에 대한 이야기이고, 요즘은 그걸 퇴고하는 중'이라고 밝혔다. 그제야 상담사는 모든 상황을 이해했다는 듯 웃었다.

상담사는 우리에게 총 12차례의 상담을 제안했다. 보통 8~10회가 기본이지만, 남편과 나의 경우엔 각자가 가지고 있는 '개인적인' 문제들이 많기에 시간을 더 들이기를 바란다고 상담사는 말했다. 굳이 거부하진 않았다.

개인적인 문제들. 그 대부분은 성장과정과 관련된 것이었다. 남편의 원가정이 가진 문제, 나의 원가정이 가진 문제. 결혼생활 내내 골똘하게 고민했던 문제들. 스스로 인지해왔던 나의 문제를 제삼자의 해석으로 듣는 것도 신기했고, 내가 남편의 원가정에 대해 품어왔던 생각들을 제삼자에게 듣는 것도 색다른 경험이었다. 엄청난 횟수인건 사실이었지만, 지금 이 타이밍에 꼭 짚고 넘어가야 할 문제라는 생각을 상담 내내 했었다. 분명, 앞으로의 삶에 도움이 되리라.

대물림과 극복. 오랫동안 스스로를 괴롭히던 고민을 이렇게 또 마주하게 됐다. 올해 내 나이 39살. 아무래도 39세 내 인생의 가장 큰 과제는 '대물림과 극복'이 아닐까. 혼자 글을 쓰며 깨닫고 느꼈던 부분을, 글을 마무리 짓자마자 전문가와 마주 앉아 이야기하는 이런 상황. 타이밍이 참 신기하긴 했다. 온 세상이 나에게 '너는 대물림에 대해 깊이 생각하고 마흔을 맞이해야 해'라고 말하는 기분이랄까.

그래서 다시 물어본다. 내 아버지는, 내 어머니는 어떤 삶을 사셨던가. 두 분의 삶은 내 안에 어떻게 자리 잡고 있는가. 나는, 두 분의 삶을 어떻게 소화하고 걸러내야 하는가. 아이에게 나쁜 대물림을 하지 않으려면 무엇이 달라져야 할까. 어쩌면 평생 고민해야 할 그 질문들을 여전히 마주하고 있다.

이혼이라는 이 과정은, 확실히, 스스로 자주 질문할 기회를 주는 것 같다.

'앞으로, 어떻게, 살 것인가.'

나의 삶과 남의 시선

육아휴직이 끝나가고 있었다. 복직을 앞두고 가장 큰 고민은 역시 아이 스케줄이었다. 초등학교 2학년인 아이가 집에 혼자 있는 시간을 최대한 줄여야 했다. 유치원도 오후 4시에 마치는데, 초등학교는 왜 점심만 먹이고 보내는 걸까. 그런 건 보조 양육자도 없이 직장을 다니는 나 같은 사람만 고민하는 문제인지도 모르겠다.

어쨌든 목표는, 아이의 학교-학원 스케줄과 나의 출·퇴근 시간을 맞춰내는 것. 아이와 나의 일과가 톱니바퀴처럼 잘 맞물려 굴러가도록 만들어야 했다. 오전은 큰 무리가 없어 보였다. 집을 구할 때부터 초등학교와 가까운 곳을 우선으로 찾았기에, 아침에 아이와 함께 나와서 학교에 데려다주고 출근하면 지각은 면할 수 있었다.

하교 후 학원에 가기 전까지 비는 두세 시간은, 휴직 동안 계획했던 대로 돌봄교실을 신청했다. 고민은 이 가정은 맞벌이가정인가 한

부모가정인가 하는 문제. 당시 상황은 한부모가정이 좀 더 맞는 단어이긴 했지만, 그것을 증명할 서류가 없었다. '한부모가정이 될 예정'이라고 말할 수도 없는 일. 그래서 맞벌이 부부로 서류를 갖춰 신청했다. 나는 직장인, 남편은 사업 중. 소송 중이라는 것만 숨겼을 뿐, 모두 사실이었기에 별문제는 없었다.

돌봄교실 후에는? 학교 앞으로 오는 버스를 타고 아이는 학원으로 옮겨졌다. 학원 수업을 마치고 다시 버스를 타고 집 근처로 오는 동안 퇴근한 내가 도착해서 있으면 되는 거였다. 매주 월요일 야근해야 하는 회사 상황에 맞춰 도우미도 구했다. '맘시터'라는 앱을 통해 도보 10분 거리에 사는 60대 이모님을 찾을 수 있었다. 이모님께는 우리의 상황을 간략히 설명하기로 마음을 굳혔다. 밤 10시까지 집에 들어오지 않는 아빠에 대해 혹시나 아이에게 물어볼 수도 있을 것 같아서 이야기하는 편이 나을 것 같았다.

그렇게 월, 화, 수, 목, 금 톱니바퀴를 맞춰두고 복직했다. 예상보다 훨씬 더 안정적으로, 톱니바퀴는 잘 굴러갔다. 나도 아이도, 새로운 상황에 적응해 갔다.

복직 후 한동안은 회사 사람들과 점심을 먹으며 밀린 이야기를

소송, 그 길고 긴 시간

나누느라 바빴다. 자주 함께 점심을 먹던 선배와도 약속을 잡았다. 별거도 결심하지 못했던 시절, 인생 선배이기도 한 그녀에게 나는 온갖 고민을 상담하곤 했었다. 사직서를 내고 남편이 찾지 못할 곳으로 사라지고 싶다고 이야기했을 때, 그 선배는 심각한 표정으로 말했었다. "다른 건 모르겠고, 월급은 지켜야 해. 그래야 바닥으로 안 떨어져."

그 현실적인 조언이 없었다면, 지금과는 다른 곳에서 더 힘겹게 살고 있을지도 모를 일. 마주 앉은 식사 자리에서 선배는 "얼굴이 너무 좋네. 무슨 좋은 일 있어?"하고 인사를 건네 왔다. 복직 후 가장 많이 들었던 말 중 하나였다. "얼굴 진짜 좋아졌네요." "표정이 엄청 밝아졌어요."같은 말들. 예의상 하는 말이겠거니 싶다가도 마주치는 사람마다 비슷한 이야기를 했기에 나도 '그런가 보다' 생각했던 날들이었다. '별거해서 그런가 봐요'라며 대뜸 솔직해지고 싶은 마음은 차분히 누르고 "회사를 안 나와서 그런가 봐요." 답했던 순간들.

선배와 밥을 먹으며 그동안의 일들을 간략히 전했다. 이혼소송을 시작한 것과 아이의 주양육자로 지내고 있다는 소식 등. 선배는 묵묵히 듣다가 "얼굴이 너무 좋아져서 화해했나 생각했어."라고 말했다. 선배와의 대화 내내 나는 '저 요즘 잘 지내요, 진짜 좋아요, 걱정안 하셔도 돼요' 같은 말을 여러 번 반복했다. 주변 사람들이 내 생활과 상태를 염려하는 걸 꾸준히 느끼고 있던 때였기에, 오랜만에 만난 선배에게 잘 지내고 있음을 전하고 싶을 뿐이었다.

그런데 나의 지나친 강조가 오히려 의심을 불러일으킨 것 같았다. 점심시간이 끝나고 자리로 돌아와 앉았는데 선배가 내 자리로 오더니 진지한 표정으로 말했다. "힘내. 너무 힘들면 꼭 말하고."

선배의 마음은 정말 고마운 것이었지만, 그 말이 쉽게 소화되지 않는 것도 사실이었다. '진짜 안 힘들어요. 맹세컨대 잘 지냅니다'라고 한 번 더 강조하면 더 안 믿을 것 같아서 그냥 웃고 말았다. 뭐라고 말해야 내가 진짜 괜찮다는 걸 증명할 수 있을지 나는 여전히 모르겠다. 어차피 사람은 자기가 보고 싶은 대로 보고, 믿고 싶은 대로 믿을 테니까.

별거하기 전, 나는 남들 눈에는 '멀쩡해 보이는' 가족의 일원이었다. 내가 먼저 말하지 않으면 내 세계에 별문제가 없다고 다들 짐작했었고, 나를 걱정스럽게 바라보는 사람도 없었다. 당시의 나는 매우 위태로운 상태였음에도, 타인이 바라보는 나는 안정적으로 가정을 꾸리고 살아가는 사람이었다.

소송 후 나는, 안정을 찾아가고 있었다. 평화 만세! 외치고 싶은 날들. 그런 시간을 보내고 있는 중에도 타인은 나를 굉장히 위태로운 상태로 바라보고 있음을 꽤 자주 느낀다. 걱정도 위로도 감사한 것이지만, 그들의 걱정을 덜어주기 위해 '괜찮다'는 진실을 아무리 말해도 상대가 받아들이지를 않으니 거참, 내 상태를 전할 방법이 없었다.

이혼이라는 과정을 통해 확실히 느낀 것 중 하나가 이 부분이었다. 스스로 느끼는 삶의 만족도와 그 삶을 바라보는 타인의 시선 간의 괴리감. 타인이 바라보는 내 삶과 스스로 느끼는 만족도가 일치하면 좋겠지만, 그것이 불가능하다면 어떻게 살아야 하는 걸까. 어차피 내 삶은 내가 감당해 나가야 하는 것. 일단은 내 만족감에만 집중하는 것이 편할 것 같다. 사실, 남의 시선까지 신경 쓰며 살 여력도 남아있질 않으니. 그런 의미에서 다시 한번 말하고 싶은 건, 나는 요즘 꽤 괜찮게 지내고 있다는 사실이다.

소송이혼 A to Z

내가 겪은 소송 과정에 따라 글을 정리했지만, 이 과정이 헷갈릴 수도 있겠다는 생각이 든다. 나 역시 그랬으니까. 조사와 조정은 뭐가 다르지? 소송하면 다 상담까지 받는 건가? 검색을 하고 또 해도 '대체 뭔 소리야?' 싶었던 부분들. 독자들의 이해를 돕기 위해 간단히 정리할 필요가 있을 것 같다.

우선, 우리나라에서 이혼을 하려면 ① 협의이혼 ② 조정이혼 ③ 소송이혼 중 하나를 택해야 한다.

첫 번째, 협의이혼은 말 그대로 당사자 두 사람이 의견의 일치를 이뤄 협의서를 만들어 낼 수 있는 경우에 택하는 방법이다. 이혼하면서 흔히 다툰다는 네 가지 쟁점 ▲이혼에 대한 의사 ▲위자료 ▲재산 분할 ▲미성년자녀의 친권 및 양육권·면접교섭권·양육비 등에 대해 이견을 조율한 후, 협의이혼신청서를 완성해 가정법원에 제출하면 끝. 이후 숙려기간(자녀가 없는 경우 1개월, 자녀가 있을 경우 3개월)을 거친 후 종료. 변호사 선임 등이 필요 없기에 가장 빠르고 싸게(?) 이혼하는 방법이라 할 수 있다.

두 번째, 조정과정을 거치는 이혼. 일반적으로 '이혼에 대한 의사가 합치'된 상태에서 나머지 실질적인 부분을 조율하는 과정이다. 당사자들끼리 답을 내리지 못한 문제들에 대해 조정위원들이 적극적으로 중재에 나서서 '조정안 도출'을 이끈다. 뉴스에서 접하는 유명 연예인의 이혼 소식에서 이 단어를 자주 볼 수 있다. 즉, 양 당사자가 이혼하기로 합의했으나, 나머지 부분들(주로 숫자와 관련된, 재산 분할이나 위자료 등)을 조정위원과 함께 조율한다는 얘기다. 기억해야 할 부분은, 조정에서의 결정이 '판결과 동일한 효력'을 가진다는 사실.

소송이혼에서의 '판결'에 불만을 가지는 경우가 워낙 많았기에, 그 대안으로 만들어진 것이 조정이라고 했다. 중재를 목표로 하는 과정이기에 양측 입장을 모두 고려하고, 한발씩의 양보를 이끌어낸다고. 소송이혼보다 기간이 짧고 제삼자의 중재를 받으며 의견을 조율할 수 있기에 많은 이들이 택한다고 했다.

세 번째는, 내가 선택한 소송이혼. 소를 제기하는 사람이 원고, 상대가 피고가 되어 가정법원 판사의 판결에 따라 혼인 지속 여부가 결정되는 '무자비한' 과정이다. 소송 시작 전, 가장 먼저 생각해

본 건 내가 이 소송을 제기할 '자격'이 있는 사람인가 하는 문제였다. '결혼생활이 힘들면 소송으로라도 끝을 내야지'라고 쉽게 생각할 수 있지만, 소송을 제기할 자격이 없는 사람, 다시 말해 이혼 청구 사유에 해당되지 않는 사람이 소송을 하면 판결에서 기각되는 경우가 많다고 했다. 법에서 정해둔 요건은 이렇다.

제840조(재판상 이혼 원인) 부부의 일방은 다음 각호의 사유가 있는 경우에는 가정법원에 이혼을 청구할 수 있다.

1. 배우자에 부정한 행위가 있었을 때
2. 배우자가 악의로 다른 일방을 유기한 때
3. 배우자 또는 그 직계존속으로부터 심히 부당한 대우를 받았을 때
4. 자기의 직계존속이 배우자로부터 심히 부당한 대우를 받았을 때
5. 배우자의 생사가 3년 이상 분명하지 아니한 때
6. 기타 혼인을 계속하기 어려운 중대한 사유가 있을 때

위의 내용은 소송 이혼을 검색하면서 가장 먼저 만났던 법 조항이기도 했다. 모호한 단어들이 이어지는 데다, 이 조항의 기준을 명

확하게 알 수가 없었다. 유책을 저지른 쪽은 아니었지만(유책 배우자는 소송을 제기할 수 없다), 내가 '악의'로 유기당했다고 할 수 있는지, 배우자로부터 '심히' 부당한 대우를 받은 것인지, 혼인을 계속하기 어려운 '중대한' 사유가 있는지 판단하기 어려웠다. 변호사 상담 투어(?) 때, 변호사마다 이야기가 달랐던 이유도 이 두루뭉술한 법 조항을 어떻게 해석하느냐에 따른 차이였다. 최근 들어 유책 사유에 해당하지 않아도 '혼인관계가 파탄에 이르렀다'고 판단되면 이혼으로 판결이 나오는 경우가 많다고들 했지만 그건 '카더라'일 뿐, 정확한 답은 구하기 어려웠다.

대략 2년 정도가 걸린다는 소송이혼 과정은 다음과 같았다.

① 변론기일(辯論期日): '재판이 열리는 날짜'를 의미한다. 2년여의 소송 동안 단 한 차례도 출석한 적이 없었기에, 내게 변론기일은 '변(辯)호사들이 의논(論)하는 날' 정도로 느껴졌다. 진술서와 답변서 등으로 의뢰인의 입장을 충분히 전해 들은 변호사들이 만나, 서로 공방을 펼치는 일이 진행된다고. 이혼 관련 드라마 등에서 나오는 재판 장면 대부분은 이 변론기일을 모티브로 한 것으로 보인다.

② 가사조사(家事調査): 말 그대로, 집안의 일을 면밀히 알기 위

해 조사하는 과정이다. 소송 과정 중에 가정법원의 일을 돕는(?) 독립기관의 사람들을 꾸준히 만나게 되는데, 가사조사관도 그 중 하나였다. 소 접수 후 담당 판사가 배정되듯, 담당 가사조사관이 배정되어 양측의 입장을 듣고 보고서를 작성해 판사에게 전달한다. 법원 인사이동시 판사뿐 아니라 가사조사관도 바뀌는 경우가 많았다.

이 가사조사는 가정법원과의 첫 만남쯤으로 생각하면 될 것 같다. 앞서 말한 조정이혼을 할 경우에도 자료 수집 과정으로 실시하는 경우가 많다고 하니, 가정법원의 힘을 빌려(?) 이혼하려는 사람 대부분이 가사조사관을 만나게 된다. 평균 2~3회, 3시간 남짓의 시간을 통해 양측 입장을 정리한다.

가사조사와 조정의 차이는, 조정은 중재를 통해 '중재안'을 만들어 양측의 분란을 끝내는데 그 목표가 있지만, 조사는 말 그대로 조사만 한다는 것. 중재를 목표로 하지 않는다는 점에서 조정과 조사는 달랐다.

②+1. 가정방문: 미성년자녀가 있는 경우, 가사조사관이 원고·피고의 집을 방문하는 과정이다. '거주환경조사'라고도 불리는 과정. 어느 쪽이 아이에게 더 좋은 환경인지 객관적으로 살펴보는 것도 중요한 목표인데, 그와 함께 양쪽 당사자와 아이의 친밀도를 실

거주지에서 파악하는 것이 이 과정의 중요 목표라고 했다. 미리 일정을 조율한 후 집을 방문해 50여 분 시간을 보낸다. 사진 촬영도 진행되며, 가정방문을 끝으로 가사조사는 마무리된다.

③ 부부 상담: 일반적으로 알고 있는 부부 상담과 큰 차이는 없는 듯했다. 원고와 피고의 이혼 의사에 차이가 있는 경우, 피고 측에서 신청하면 판사가 판단하여 상담 여부를 결정하는 게 일반적인 과정이라고 검색에서는 말했다. 나의 경우, 피고가 부부 상담을 신청했는지는 알 수 없지만, 판사의 '명령'을 받아 부부 상담을 받았다. 일반적으로 10회기 남짓 진행되지만, 내 경우에는 상담사의 권유로 총 12회기를 채웠다. 남편과 나 각각 개인상담 4회를 받았고, 이후 부부 상담 4회를 받았다. 상담 과정에서 개인적으로 지불한 돈은 전혀 없었다.

어떤 상담사를 만날지는 (대부분의 상담이 그러하듯) 복불복인 것 같다. 상담사 역시 상담평가서(?) 같은 것을 법원에 제출하는 것으로 알고 있지만, 관련 서류는 원/피고에게 공개되지 않았다.

④ 가사조정(家事調停): 법원에서 위촉한 조정위원들이 원·피고의 이견을 조율해 '조정안'을 만드는 과정. 앞서 이혼 방법에서 등

장했던 그 조정과 동일한 과정이다. 소를 제기하지 않고 이 조정만으로 이혼하는 사람도 꽤 많다고 했고, 소송이냐 조정이냐에 따라 변호사 선임비도 달라졌기에, 나 역시 이 부분을 엄청나게 고민했었다. 결국 소송을 택했던 건 '이혼 의사에 대한 합의'가 되지 않았기 때문이었다. 소송을 하면 조정이 실패해도 판사의 판결이 남아 있는 것으로 보였는데, 조정을 하면 조정 과정에서 합의하지 못하면 이혼을 못 할 것처럼 느껴졌기에 나는 소송을 택했었다.

사회적으로 덕망 있는 분들을 위촉한다고 여러 곳에서 읽었지만, 이견 조율과 조정안 도출 과정에 대한 후기가 천차만별이었다. 확실하지는 않지만, 조정위원들의 활동은 사회를 위한 '봉사직' 개념이라고 하는데, 단순한 봉사라기엔 조정 성공률이 위원들에게 꽤 중요한 문제 같아 보였다. 판사는 잠시 등장할 뿐, 조정위원들이 전체 조정 시간을 이끌어 간다. 평균 2~3시간, 사안에 따라 2~3회 정도 진행되는 듯하다.

⑤ 판결: 이 모든 과정에 대한 서류들을 종합해, 해당 사건에 배정된 판사가 판결한다. 판결문에는 이혼과 관련된 모든 내용이 정리돼 있다. 이혼 여부와 유책이 있는 쪽, 위자료, 재산 분할, 친권과 양육권과 면접교섭, 양육비 등.

이혼에 대해 잘 모르는 사람들이 "누구는 위자료로 몇억을 받았다더라."는 이야기를 하는 걸 가끔 봤는데, 그건 '재산 분할' 금액에 관한 이야기다. 이혼 시 위자료는 정신적 고통이나 피해에 대한 배상금을, 유책이 크다고 인정되는 쪽에 지불하라고 명하는 것인데 우리나라의 경우 평균적으로 1,000~3,000만 원 정도로 책정되는 것이 일반적이라고. 본문에 따로 밝히진 않았지만, 나는 재산분할을 아예 신청하지 않았었다. 왜? 재산이 없었으니까!

이 정도가 내가 겪은 이혼 과정이었다. 이혼을 처음 떠올렸을 때 관련 인터넷 카페들을 돌아다니다가 읽었던 글이 있었다. "행복은 모르겠고, 살려면 이혼을 해야겠어요."

나는 이 말을 이혼 과정 내내 떠올렸었다. 고개를 끄덕거리며 깊이 깊이 공감했던 말.

이 글을 읽는 누군가도, 이 문장을 읽으며 공감하고 있을까. 내가 울며불며 지냈던 그런 날들을 누군가가 보내고 있다고 생각하면 마음이 참 복잡해진다. 고작 한평생 사는 건데, 뭐 이리도 힘든 일이 많을까. 이 글을 읽는 이들도, 나도, 무탈한 일상을 살아가는 날이 오길 바란다. 시간은 결국 흐르고, 제아무리 힘든 일도 어떻게든 지나갈 테니.

V

한부모가정의 가장

나의 법적 남편은 드디어 사라졌고,
우리는 완벽한 '남'이 되었다.

아빠가 보고 싶다며 아이가 울었다

상담이 끝난 건 2021년 11월. 2022년이 시작됐지만 어디에서도 연락은 없었다. '소송'이라는 단어조차 잊고 지내던 즈음, 전화가 울렸다. 모르는 번호였으나 받아야 할 것 같은 느낌이 들었다.

역시나 상대는 "가정법원 가사조사관 ○○○입니다."하고 말을 시작했다. 남편과 나의 가사조사를 진행한 분은 아니었다. 법원에 인사이동이 있었고, 담당자가 바뀌었다는 짧막한 설명이 이어졌다. 그녀는 관련 내용을 모두 충분히 검토한 후에 전화한 것이니 편하게 말씀하시면 된다고 덧붙였다.

'편하게'는 참 좋은 단어지만, 안타깝게도 그 '편하게'가 잘 되지 않았다. 가사조사관 앞에서 울고불고한 기억이 있는데, 그 모든 것을 본 적 없는 사람이 '편하게'라고 말을 해 봤자 크게 와닿지 않았다. 그럼에도 "예전 조사관을 불러주세요!"라고 요구할 입장도 안 됐다. "네, 그렇군요."하는 것 말고는 달리 방법이 없어 보였다.

전화를 걸어온 이유는 두 가지였다. 하나는 상담 후기를 묻는 것, 다른 하나는 상담의 '기적 같은 효과'로 혹시나 내 결심에 변화가 있었는지 확인하는 것이었다. 나는, 상담은 매우 만족스러웠으며 나와 남편의 문제들을 돌아볼 수 있었고, 미래까지 생각해보는 계기가 되었다. 상담사님께 감사드린다. 그럼에도 나의 결심은 흔들리지 않고 오히려 더 확고해졌다. 나는 이혼을 해야 잘 살 수 있다. 이제야 안정을 찾아가는 내 삶이 만족스럽다는 후기를 전했다.

행여나 다시 한번 생각해보라며 나를 회유하면 어쩌나, 싶었지만 가사조사관은 '충분히 알았으며 법원에서 다시 연락이 갈 것'을 말해주며 전화를 끊었다. 앞으로의 상황에 관해 설명해주길 기대했지만 그런 건 없었다.

내 결심이 확고해지는 시간 동안, 남편과 아이의 만남도 자리 잡아가고 있었다. 육아휴직이 끝난 후 처음 맞이한 방학. 2학년 겨울방학 중에는 일주일 중 2박 3일 동안 남편이 아이를 돌보기로 했다. 나는 매주 월요일 야근을 해야 했고, 돌봄교실과 도우미만으로 평일의 모든 시간을 감당하기는 버거웠다. 남편과 상의 끝에 토요일 혹은 일요일 밤에 아이를 데려가서 월, 화요일을 남편 집에서 보내고, 화요일 퇴근 후에 데려다주는 것으로 스케줄을 정리했다.

아이가 남편과 보내는 그 시간을, 나는 즐겼다. 일요일에 혼자 집에 있을 때는 늦잠이라는 엄청난 사치를 누렸고, 월요일엔 마음 편히 야근도 했다. 아이와 아빠의 시간을 굳이 방해하고 싶지 않았고, 둘 모두에게 필요한 시간이라 생각하기도 했다.

내가 자유를 누리는 동안 아이도 남편 집에서 무한의 자유를 누렸다. 무한 TV 시청과 무한 게임과 새벽 취침과 늦잠, 과자 등. 엄마 집에서는 꿈도 꿀 수 없는 것들을 아빠 집에서는 무한대로 즐겼다. 그렇게 2박 3일을 보내고 집으로 돌아오면 아이는 기절하듯 쓰러져서 잠들곤 했다.

이 모든 것을 알면서도 어찌할 수 없는 상황. 나는 회사에 가야 했고, 방학 중인 아이를 누군가는 돌봐야 했다. 그렇다고 남편의 방목형 육아 스타일을 지적할 수도 없었다. 그러려면 또 대화를 해야 하니까. 그저 방학이 빨리 끝나기만을 기다리는 수밖에.

그날도 마찬가지였다. 화요일 밤에 집에 온 아이는 기절하듯 잠들었고, 수요일 아침에 깼을 땐 왜인지 기분이 몹시 안 좋아 보였다.

아빠 집에서 실컷 놀고 온 직후인 데다 며칠째 학원도 안 가고 있는 상황. 기분 나쁠 이유가 없는데 아이는 잔뜩 가라앉아 있었다.

어른들도 가끔 그런 날이 있지 않은가. 아침에 눈을 떴는데 괜히 짜증 나고, 출근하기 싫고, 몸은 한없이 가라앉는 날. 아이도 그럴 때가 있겠거니, 가볍게 넘기려는데 아이 눈에 눈물이 고이기 시작했다. 최근에 아이가 울었던 적은 코로나 검사로 코를 찔렸을 때 말고는 없었다. 당황스러웠다. "왜, 왜, 왜 울어?" 물어봐도 침묵. 눈물만 뚝뚝. 아이 옆에 앉아서 살살 달랬더니 그제야 '아빠 보고 싶다'는 생각지도 못한 대답을 했다.

차라리 게임을 열 시간 시켜달라고 하거나, 반찬 투정을 하거나, 앞으로 일주일 동안 학원에 안 가겠다고 선포하는 '땡깡' 종류였다면 꾸짖기라도 했을 텐데 이 문제는 방법이 없었다. 아이가 아빠가 보고 싶다는데 꾸짖을 수도, 안 된다고 할 수도, 그렇다고 당장 아빠를 소환할 수도 없는 노릇. 난감했다. 뭐라고 대답해야 할까. 한참을 고민하다가 언젠가 육아 책에서 읽은 대로 '공감'을 해주기로 했다. "그래. 그럴 수 있지."

거참. 이 무슨 개풀 뜯어먹는 소리인가 싶었지만, 내가 해줄 수 있는 말은 그것밖에 없었다. 아이의 침묵은 계속됐다. 그 침묵이 불편했기에 자꾸만 말에 말을 더했다. 처음에는 공감. 그래, 아빠가 보고 싶을 수 있어. 두 번째는 객관적 설명. 세 밤만 더 자면 아빠 집에 갈 수 있어. 세 번째는 과학적 근거 제시. 계속 우울한 채로 있으면 뇌는 스스로 벗어날 수가 없어. 네 번째는 회유. 지금은 아빠가 올 수 없으니까 엄마랑 다른 걸 하면서 재밌게 놀아보자.

정말 긴– 시간 동안 무슨 말을 해도 아이 기분은 나아지지 않았다. 아이는 자꾸 이불 속을 파고들었고, 나는 다 관두기로 했다. '아빠'라는 단어에 쩔쩔매고 싶지 않았다는 것이 더 정확한 표현인지도 모르겠다. 그리고 이곳에는 엄마가 있음을 알리고도 싶었다. 앞으로 또 이런 상황이 생기지 말란 법도 없었기에 조금 냉정해질 필요가 있다고 판단했다.

아이를 방에 두고 주방으로 나왔다. 문득 이혼 소장에서 마주한 '사건본인'이라는 단어가 떠올랐다. 나는 원고, 남편은 피고로 등장했던 그 문서에서 아이는 '사건본인'으로 불렸다. 사건본인은 어쩌면 '피해자'의 다른 표현인지도 모르겠다. 결국 이 소송에서 가장 직접적으로, 가장 오래 피해를 보는 것은 예상했듯 이 아이일 테니까. 앞으로도 아이는 다양한 모습을 한 피해를 꾸준히 입으리라.

원고이면서 '가해자'인 동시에, 일상의 평안함을 누리는 수혜자

이기도 한 나는, 아이를 맹목적으로 사랑한다고 믿어왔었다. 하지만 그 말은 어쩌면 거짓말일지도 모르겠다. 아이가 우는 모습을 보는 건 가슴 아프지만, 소송을 취하할 생각은 전혀 없는 엄마. 아들아, 엄마는 너를 무척 사랑하지만 엄마의 삶도 중요하단다, 라고 말하는 엄마. 나는 정말 이중적인 태도로 아이를 대하고 있는 건지도 모르겠다.

자식을 사랑하는 동시에 내 삶도 사랑하며 살고 싶다는 것은 정말 불가능한 일일까. 그리도 큰 욕심인 걸까.

창과 방패가 싸우면 누가 이길까?

2022년 3월 둘째 주에 첫 조정기일이 잡혔다. 상담을 끝내고 4개월이 지나서야 다음 절차가 시작되고 있었다. 조정기일은 화요일 오후 4시. 연차를 낼 수 없는 날이었다. 변호사 사무실에서는 원고(나) 없이 첫 조정을 진행해 보겠다고 했다. 조정에는 본인이 꼭 참석해야 하는 것으로 알고 있었기에 조금 의아했지만, 변호사 사무실에서 괜찮다고 하니 그러려니 생각하고 말았다.

나는 이 조정이 과연 가능한 것인지 의문이었다. 내가 아는 조정은, 이혼에 대한 의사가 '합의' 된 후에 양육권이나 위자료, 양육비 등 실질적인 '조건'들을 조율하는 과정이었다. 그런데 여전히 합의점을 찾지 못한 상황에서 이 조정이 무슨 의미가 있을까.

여하튼 1차 조정은 내가 참석하지 못한 채 진행됐고, 조정이 끝난 후에 변호사 사무실에서 연락이 왔다. 담당 판사가 다음 조정 때는 원고와 피고 두 당사자가 반드시 참석하기를 요청했다고, 2주 후로 잡힌 2차 조정기일에 참석이 가능한지를 물어왔다. 다행히 수요일 오후 2시였기에 반차를 쓰면 될 것 같았다.

그리고 이틀 뒤, 담당 변호사로부터 전화가 왔다. 상대측 변호사에게서 연락이 왔다는 것이 전화의 요지였다. 1차 조정에 혼자 참석했던 남편은, 그 조정 내내 나와의 대화가 부족했음을 강조했단다. 그리고 조정이 끝난 후, 이렇게까지 강력히 이혼을 원하는 것이 이해되지 않으니 나를 직접 만나 대화하고 싶다는 뜻을 변호사를 통해 전해 왔다고 했다. 아아, 잠시 잊고 살았던 대화 타임. 불멸의 대화 타임이 스멀스멀 고개를 들고 있었다.

사실, 남편의 대화 요청은 소송 과정 내내 반복되고 있었다. 원하는 것을 들어줄 때까지 같은 이야기를 끊임없이 반복하는 것은 남편의 습성 같은 것이었다. 결혼생활 내내 겪었던 그의 방식. 나는, 소송 취하를 들어주지 않았기에 그가 또 대화를 원한다고 생각했지만, 그는 대화가 부족해서 내 마음을 돌리지 못한다고 생각하는 듯했다. 대화, 대화, 정말 그놈의 대화. 몸서리치는 나를 담당 변호사가 설득했다. 아이 아빠이니 계속 볼 수밖에 없는데, 피한다고 정리가 될 것 같진 않다는 의견이었다. 일리 있는 말이었다.

재판 과정과 상관없는 때에, 양측 변호사가 모두 시간을 내서 동석할 것이라는 이야기까지 들었을 때는 죄송한 마음마저 들었다. 굳이 낼 필요도 없는 시간을, 이 부부관계를 위해 만들어보겠다는 진심에서는 감사함도 느꼈다. 이렇게까지 하신다는데, 깽판을 치고 싶진 않았기에 결국 약속을 잡았다.

  3월 둘째 주에 1차 조정을 마쳤고, 셋째 주에 내가 선임한 변호사 사무실에서 남편을 만났다. 넷째 주에는 2차 조정이 예정되어 있던 상황. 나는 변호사 사무실로 가는 내내 다짐했다. '상대가 하고 싶은 이야기를 다 쏟아낼 수 있는 시간을 충분히 주자. 흥분하지 말고 모두 들어주자' 남편에게도 '할 만큼 했다'는 결론을 낼 시간이 필요하다고 생각했다.

  피고와 피고 측 변호사, 원고와 원고 측 변호사. 네 명이 한 테이블에 마주 앉았다. 머리를 맞대고 독립선언서라도 써야 할 것 같은 엄숙함이, 견디기 힘든 적막함이 사무실을 가득 채우고 있었다. 넷 중 누구도 쉽게 입을 열지 못했다. 법적 절차가 아닌 이런 만남은 두 변호사님에게도 낯선 상황이리라, 짐작할 수 있었다. 결국 내 변호사님이 "무슨 말을 하고 싶으신 건지"를 묻는 것으로 대화는 시작됐다.

비장함마저 감도는 이곳에서 하고 싶은 이야기를 편히 하는 것은 불가능해 보였다. '변호사 동석 대화'만을 주장하던 내 주장을 접어야 네 명 모두 숨이라도 쉴 수 있을 것 같았다.

결국 나는, 변호사 없이 남편과 둘이 대화해보겠노라고, 잠시 시간을 달라고 요청했다. 담당 변호사는 정말 괜찮겠냐고 여러 번 물어본 후에야 사무실 밖으로 나갔다. 탁, 닫히는 문소리를 들으며 나는 눈앞의 컵만 노려봤다. 얼마 만인가. 이렇게 마주 앉은 게. 아버지가 돌아가시고 죽어라 싸우던 그 무렵이 마지막 기억이었다.

남편은 나를 잠깐 바라보다가 "왜 그렇게 이혼을 원하는 거야?" 하고 말을 시작했다. 길고 긴 소송을 거치면서, 스스로 계속 물었던 질문이기도 했다. '이렇게나 이혼을 원하는 이유가 뭐야?' '이대로 별거 상태만 유지해도 되잖아?' 아무리 자문해도 답은 하나였다. '이혼. 그와 엮여 있는 관계를 끊어내고 싶다는 강렬한 바람.'

긴 시간을 통해 내린 결론을 또 한 번 그에게 들려줘야 할 때였다. "나는, 당신이라는 사람이 무서워. 화가 나면 너무 쉽게 바닥을 드러내는 당신의 방식이 무섭고, 곁에 있는 사람을 무서워하면서 평생을 보내고 싶지 않아. 그리고 당신은, 넘어서는 안 되는 선을 너무 쉽게 넘어버렸어. 당신이 뱉은 말들을, 나는 도저히 용서할 수가 없어."

처음 소송을 시작할 때는 그의 생활방식과 폭발적인 분노, 경제적 문제 때문에 이혼을 원하는 것이라고 나도 생각했었다. 2년 전 적은 소장에도 그런 내용들이 빼곡했다. 하지만 시간이 흐르면서 그런 이유가 진짜 원인이 아니었음을 깨달았다. 결국 내 마음에 상처로 남은 건, 그가 내게 했던 수많은 말이었다.

"니 아버지 영정 앞에서 부끄럽지도 않냐?" 숱한 막말 중에서도, 이 문장 하나만큼은 도저히 잊히질 않았다. 저 말은 아버지 장례식을 치른 후, 남자 직원들과의 관계를 의심하며 남편이 뱉었던 것이었다. 의심 자체도 황당했지만, 의심만 갖고 내뱉는 말이라기엔 강도가 너무 셌다.

부모님의 죽음 앞에서 '할 만큼 했다'고 말할 수 있는 자식이 얼마나 될까. 그가 주장하는 부끄러운 일을 한 적은 없었지만, 나는 아버지 영정 앞에서 당당하기가 어려웠다. 아버지를 밀어내기만 했던 내 전체 삶을 돌아보던 시기였다. 한없이 죄송했고 속상했고 후회도 이어졌었다. 그 시기에 그가 던진 저 막말은, 여러 복잡한 감정들과 얽히며 몸집을 불려갔다.

넘어서는 안 될 선. 아무리 극한의 상황으로 몰려도 절대 해서는 안 되는 말과 행동들. 그 선을 너무 쉽게 넘어버리는 그의 태도는, 도저히 받아들일 수 없는 것이었다.

나는 대답을 이어갔다.

"우리 둘은, 함께 있으면 행복할 수 없어. 떨어져서 각자의 방식대로 사는 게 맞아."

"그럼, 아이는?"

"늘 싸우고 괴로워하는 부모를 곁에서 지켜보는 것보단, 각자의 자리에서 각자의 방식대로 행복하게 살아가는 걸 보여주는 게 낫다고 생각해."

......

대화는 어느덧 두 시간 넘게 이어지고 있었다. 문득 며칠 전 아이와 나눴던 대화가 떠올랐다.

"엄마, 모든 걸 뚫을 수 있는 창도 있고, 모든 걸 막을 수 있는 방패도 있대. 이 둘이 싸우면 누가 이겨? 누가 거짓말을 하는 거야?"

나 역시 궁금해지고 있었다. 창과 방패가 온 힘을 다해 부딪치면 어찌 됐든 결국 둘 중 하나는 부서지지 않을까. 그리고 이 대화 역시, 둘 중 하나가 부서져야 끝날 것임을 직감했다.

내가 남편에게 말했다.

"당신은 너무 무책임했어. 그 모든 생활을 나는 다시는 겪고 싶지 않아."

"내가 얼마나 변했는지 보여줄 수 있게 기회를 줘."

"나는 아이 아빠인 당신을 증오하지 않으려고 온 힘을 쏟고 있어. 이 정도가 내가 할 수 있는 최선이야. 그 이상은 바라지마."

"그 상처들 내가 돌봐주고 싶어."

"이혼에 합의하는 게 당신이 해줄 수 있는 유일한 일이야."

"원하는 건 뭐든지 다 할게. 이혼만은 하지 말자."

"내가 원하는 건 이혼이야. 원하는 건 다 들어준다며?"

"그것만은 안 돼. 이혼만은 들어줄 수가 없어."

거참. 무의미하다고 느껴지는 시간이었다. 서로가 원하는 것만을 말할 뿐, 누구도 물러설 생각은 없어 보였다. 오전 반차를 낸 상황. 오후 출근 시간이 다가오고 있었기에 대화를 끝내야 했다. 남편은 대화 내내 '기회'를 달라고 말했었다. 남편이 주장하는 기회는 무엇을 의미하는 걸까. 한번 들어나 보자 싶었다.

"당신이 말하는 기회라는 게 뭐야? 소송 취하라면 그건 불가능해.

그것 말고 원하는 게 있으면 말해봐."

"그럼, 우리 하루라도 같이 데이트하자. 노래방도 가고. 들려주고 싶은 노래가 많아."

"……."

상상하지도 못한 말을 듣게 되면, 얼굴 근육부터 굳는다는 걸 이날 처음 알았다. 도무지 표정 관리가 되지 않았다. 데이트? 노래방? 정신이 아득해졌다. 아아, 이 자가 미친 건 알고 있었지만 이 정도일 줄이야.

그에겐 소송이라는 상황이 전혀 무겁지 않은 걸까. 소송을 제기한 원고에게 데이트하자는 것은 낭만일까 객기일까. 뭐가 됐든, 더 이상 이해할 필요는 없었다. '어째서?' '왜?'라는 것을 궁금해해봤자, 내가 이해할 수 있는 경지가 아닌 것이 분명해 보였다.

나는 자리에서 벌떡 일어나 문을 열고 변호사님을 불렀다.

"변호사님. 얘기 끝났습니다."

조정을 앞둔 우리의 대화는 그렇게 끝났다.

남편과의 대화를 위해 반차를 쓴 지 5일이 흐르고, 나는 또 반차를 써야만 했다. 2차 조정이 잡혀 있는 날이었다. 정말 꾸준히 느끼지만, 직장인에게 너무 가혹한 과정이 이혼소송인 것 같다. 반차를 쓸 수 있는 내 처지에 감사함을 느낄 만큼, 법적 절차들은 개개인의 사정 따윈 고려하지 않고 굴러갔다.

소송 기간 2년, 이날 처음으로 판사라는 높은 분을 직접 만날 수 있었다. 4~5평 남짓한 조정실. 그곳에는 50~60대로 보이는 남녀 조정위원 각 1명과 피고와 피고의 변호사, 원고와 원고의 변호사, 그리고 판사까지 7명의 자리가 마련되어 있었다.

코로나 상황이었으므로, 각자의 자리에는 투명 칸막이가 설치되어 있었다. 문을 열고 들어가면 가장 먼저 보이는 것이 직사각형 테이블. 상석(?)이라 부를 수 있는 가장 정면의 자리는 당연히 판사님의 것이었다. 판사석 오른쪽으로는 원고 측 그러니까 나와 변호사님이 앉았고, 판사석 왼쪽으로 조정위원 두 분이 앉았고, 판사석 맞은편 자리에는 피고 측인 남편과 남편의 변호사가 자리했다.

담당 변호사에게 전해 들었던 1차 조정의 분위기는 내게 호의적인 것이었다. 조정위원들은 1차 조정에서 남편에게 이혼을 '강력히' 권했다고 하셨다. 아내의 고통이 이해된다, 지금 이혼을 받아들이는 게 아내에게 줄 수 있는 유일한 선물이다, 등등. '피고 측에 상당히 불리한 분위기였다'고 1차 조정 분위기를 전해 들은 나는, 그 분위기가 2차에서도 이어질 것이라 속단하며 자리에 앉아 있었다.

예상과 달랐던 시작은 판사의 발언부터였다. 30대 초반 정도로 보이는 남자 판사는, 내게 1차 조정에 참석하지 않은 이유를 물으며 "양측이 이혼 의사가 다른 경우에는 기일 하나하나가 굉장히 소중하기 때문에 꼭 참석해 주시길 바랍니다."라고 말했다. 시작도 하기 전에 꾸중(?)을 들은 것 같아 작은 목소리로 "네, 알겠습니다."하고 답했다. 판사의 이야기는 이어졌다.

한부모가정의 가장

"두 분은 잘 모르시겠지만, 수만 건의 이혼 사건 중에 두 분 같은 경우가 굉장히 드뭅니다. 면접 교섭도 잘 이뤄지고 있고 양육비 지급도 꾸준히 이어지고 있어요. 모범적이라는 단어를 써도 될지는 모르겠지만, 아이의 상처가 최소화되도록 두 분이 굉장히 모범적으로 잘하고 계세요. 그래서 더 판결하기가 어렵습니다. 어떤 판결을 하든 두 분 모두 항소할 것으로 보이고, 섣부른 판결이 지금의 이 관계를 깨버리는 계기가 될까 봐 굉장히 조심스럽습니다. 그러니 이 자리에서 만족할 만한 조정을 이뤄내시는 게 가장 좋은 해결책 같아 보입니다."

이 말을 끝으로 판사는 사라졌고, 조정위원 둘이 전체 진행을 이끌어 갔다. 조정위원들이 조정안을 만들기 위해 집요하게 노력한다는 이야기는 인터넷에서 여러 번 읽은 적이 있었다. 조정 과정에서 쟁점이 된다는 양육비나 위자료 등은 내게 중요한 문제가 아니었다. 제발, 이혼 판결만. 제발, 이 관계를 끝내주기를. 그것만을 바라고 있었다.

이어지는 조정위원들의 이야기도 예상했던 것과 아주 달랐다. 1차 조정 때 남편을 몰아세웠던 조정위원들은 이번에는 작정한 듯 나를 몰아세웠다.

"이 과정을 이기고 지는 싸움이라 생각하시면 안 됩니다. 우리 전부 아이의 미래를 걱정하는 거잖아요. 조정이 안 돼서 판결이 나고, 그 후 또 항소가 이어지면 그 과정에서 온갖 추잡한 이야기를 다 하게 됩니다. 서로를 미워하게 될 수밖에 없고, 그 감정은 오롯이 아이에게 전달됩니다. 우리가 많은 이혼 과정을 지켜봤잖아요. 그러니 아이 생활을 지킨다는 마음으로 조정에 협조하셔야 해요. …… 제출하신 서류들을 봤을 때, 원고가 힘든 시간을 보냈을 거라고 저희도 느꼈어요. 하지만 원고 성장과정도 그렇고, 문제에 대처하는 방식이 굉장히 불안정하거든요. 남편 탓을 하고 계시지만, 남편분이 법적으로 잘못하신 건 하나도 없어요."

예상보다 더 적극적인 분들이었다. 그놈의 도박, 외도, 폭행, 그 세 가지가 없는 결혼생활의 경우 쉽게 종지부를 찍을 수 없다는 것이 그들 입장이었다. 그들이 묘사하는 나는 참을성이 부족하고 정서가 불안정한 인간이었고, 이혼만을 고집하는 내 태도는 '아이 미래도 생각하지 않는 몰상식한 엄마'의 것이었다.

어쩜 저렇게 말을 쉽게 하나, 일부러 화를 돋우는 건가 싶을 정도로 정말 이상한 논리를 그들은 펼쳐냈다. 불안정한 인간, 몰상식한 엄마가 되지 않으려면 그들이 내미는 조정안을 받아들이라는 식의

논리에는 한숨만 나왔다.

그들이 내게 내민 조정안은 1년이었다. 지금 받는 양육비에서 매달 50만 원을 더 받고 1년을 지내보라는 것. 별거 상태는 유지하고 남편이 접근하지 못하도록 이야기하겠다(법적 구속력은 전혀 없다고 했다), 그동안 아이도 더 자랄 거다, 어차피 양측 누구든 항소해서 대법원까지 가면 2년은 훌쩍 가버린다, 그러니 1년만 더 지켜보고 그때도 이혼하고 싶으면 소송을 다시 해라, 조정을 거쳤음에도 다시 시작된 소송에서는 원고에게 유리한 판결이 나올 가능성이 높다(100% 장담할 수는 없다고 했다), 그때가 되면 남편도 협의이혼으로 마음이 바뀔 '가능성'이 있다 등등.

1시간이 훌쩍 넘는 동안 그들은 똑같은 주장을 다양한 방식으로 펼쳤다. 조정안을 받아들이지 않으면 절대로 끝나지 않을 것 같은 대화였다. 남녀 조정위원들이 돌아가며, 그들이 만든 조정안으로 나를 설득하고 있었다. 그쯤 되니, 조정안을 받아들이고픈 마음이 피어오르기 시작했다. 다음은 모르겠고, 대충 끝내고 집으로 돌아가 쉬고 싶었다. 집요하게 하고 싶은 이야기만 계속하는 이들의 대화방식은, 남편과 영혼의 단짝인 듯 느껴질 만큼 비슷한 것이었다. 그리고 이런 대화는, 나라는 인간이 가장 못 견디는 것 중 하나였고 시간이 갈수록 이 대화를 끝내고 싶다는 열망만 가득해졌다. 그리고

'내가 접어줘야 다들 편해지는 건가?' 하는 생각도 들었다. 이렇게까지 적극적으로 설득하는데, 내가 과한 고집을 부리고 있는 것 같다는 느낌이랄까. 적극적으로 반박하던 내가 가만히 앉아 생각에 잠겨 있으니, 조정위원들은 잠시 밖으로 나가 생각을 좀 해보라고 했다. 이 조정안을 받아들일지 남편 측과 이야기를 나눌 시간도 필요하다고 했다.

탁- 등 뒤로 조정실 문이 닫히고, 나는 몇 걸음 걷지 못하고 옆에 있는 의자에 쓰러지듯 앉았다. 어떻게 설명해야 할까. 한마디로 그냥, 너무 힘들었다. 기진맥진. 이혼이 이렇게까지 힘들 일인가. 낯모르는 이들에게 이런저런 얘기를 까발리는 것도 싫었지만, 평생 본 적도 없는 이들이 '나약하다' '아이 생각을 좀 해라' 등의 평가를 멋대로 내리는 걸 참고 들어야 하는 상황에도 진저리가 쳐졌다. 대체, 내가 뭘 잘못한 걸까. 나름은 열심히 인생을 살아왔다고 생각하건만, 어쩌다 이런 평을 듣는 처지가 되어버린 걸까. "월 50만 원을 더 받는 것보다 마음 편한 게 중요하다."는 말을 했을 때 그들의 표정이란. "그렇게 현실감이 없으니 상황이 이렇게까지 온 겁니다."라는 말을 뱉는 그들의 말투란.

문득 이 말이 떠올랐던 건 왜였을까.

"니 아버지 영정 앞에서 부끄럽지도 않냐?"

대충 사인해 버리고 이 자리를 벗어나야겠다는 생각을 골똘히 하고 있을 때, 남편이 내게 던진 막말이 다시금 떠올랐다. 그래…. 내가 그때 남편의 말에 바로 반박하지 못했던 건, 정말로 부끄러웠기 때문이었다. 나는 정말 부끄러웠다. 아버지가 돌아가신 마당에, 남편이라는 상대에게 그런 말을 듣고 있는 내 처지가 너무 부끄러웠다. 아버지에게는 나름 귀한 딸이었을 텐데…. 다시는 그렇게 살지 않으리라는 다짐을 얼마나 여러 번 곱씹었던가.

조정실 앞에서 또 도망칠 궁리를 하는 내 모습이 그제야 다시 보였다. 그렇게나 다짐하고도, 또다시 회피할 생각을 하고 있다니. 더는 상상도 해선 안 될 일이었다. 천천히 숨을 고르고, 다시 조정실로 들어갔다.

그곳에서 마주한 조정위원들의 표정은 한껏 밝아져 있었다. 진지하고 심각한 얼굴로 나를 몰아세우던 사람들은 어디론가 사라지고, 온화한 얼굴의 그들이 나를 맞았다. 남편 측이 조정안을 받아들여 1년간 양육비를 더 주기로 했으니, 얼른 조정안을 만들자고 그들은 말했다. 친절해진 목소리를 듣는 순간, 욱하고 화가 치밀었다. 판사에게 전달될 내 인상까지 생각하느라 차분하게 말하려 애써왔지만, 목소리까지 덜덜 떨며 소리를 지르게 됐다.

"저 생각이 바뀌었습니다. 조정 결렬할게요. 더 이상의 조정은 불필요할 것 같습니다." 여기까지 말하고는 정말, 에라 모르겠다 하는 마음이 들었다. 에라, 모르겠다. 어차피 막 가는 세상, 나도 막 나가련다. 에라 모르겠다. 반쯤 자포자기한 나는 뭐에 홀린 듯 말을 쏟아냈다.

"제가 그 조정안을 왜 받아들여야 하나요? 조정안을 그렇게 강요하시면 안 되는 거잖아요! 조정안 안 받아들이면 현실감 없는 사람, 애 생각 안 하는 나쁜 엄마라고 딱 만들어 놓고 이야기하셨잖아요. 저는 돈 필요 없어요. 이혼 판결 안 나오면 항소할게요. 그냥 끝까지 소송할게요. 정말, 말씀 그렇게 막 하시는 거 아니에요!"

처음 본 사람에게 이렇게나 격렬하게 감정을 드러내는 건, 평생 없었던 일이었다. 그럼에도, 지금 돌아봐도 별로 후회되지 않는다. 그때 화를 낸 건, 정말 잘한 일 같다. 그들은 너무 거만했고, 함부로 나를 단정했고, 지나치게 멋대로 말을 뱉었다. 내 삶뿐 아니라 아이 인생까지, 마구잡이로 예상하고 평가했다. 무슨 자격으로? 대체, 무슨 자격으로 우리의 삶을 그렇게 함부로 말했던 걸까. 법원에 위촉

되는 대단한 입장이 되면, 상대가 그저 하찮아 보이는 걸까. 여러 번 곱씹어 봐도, 정말 그들은 너무 심했다. 나 같은 소심한 사람이, 한참 나이가 많은 상대에게 왁- 하고 달려들 만큼.

소리를 꽥 질러버린 나는 가방을 들고 벌떡 일어났다. 목소리가 떨렸던 만큼 손끝도 달달 떨리고 있었다. 2시에 시작한 조정이 4시에도 끝나지 않고 있었다. 지금은 일어나야 아이의 하원 시간에 맞춰 도착할 수 있을 것 같았다. 조정위원들이 "어디 가세요?"라고 묻길래, "애 하원 시간이 다 돼서 가보려고요." 당당하게 답했다. 그들은 더 당당하게 대꾸했다. "엄정한 법정에서, 판사님의 퇴정 조치 없이 독단적으로 나가실 수는 없습니다."

정말, 정말, 묻고 싶었다. '저한테 진짜 왜 이러세요. 제가 뭘 그렇게 잘못했는데요?' 내 생활의 최우선 순위는 아이의 등·하원 시간이었다. 그 시간에 맞춰 하루를 살았다. 별거 이후, 변화된 환경에서 아이에게 안정감을 주려면 시간 약속을 철저하게 지켜야 한다고 생각했었다. 갑자기 엄마가 나타나지 않는 날들이 생기면, 아이는 얼마나 불안해할까.

"학원 마치고 차 타고 오면, 엄마가 기다리고 있을게." 이 말을 지

커내느라 얼마나 동동거리며 지냈는지 그들은 알까. 얼마나 서둘러 일을 정리하고, 얼마나 헉헉거리며 길을 뛰어다녔는지 그들은 알까.

그렇게나 아이의 행복을 생각하라고 말하던 법원은, 일상의 약속조차 지키지 못하게 만들었다. 위대하신 판사님의 퇴정 조치를 받느라, 아이와의 약속에 결국 늦어버렸다.

그날 밤, 밤새 앓았다. 온몸이 덜덜 떨릴 만큼 추웠다. 까무룩 잠이 들면 조정실 풍경이 펼쳐졌다. '현실감이 없으시네요' '아이를 생각하셔야죠' '본인 마음만 편하면 되나요, 아이는요?'

그들의 말이 떠오를 때마다 허공을 향해 대꾸했다. "씨…, 뭘 안다고 그런 말을 함부로…."

그 밤 내내 '바람피울 능력이라도 있으면 좋겠다'는 쓸데없는 생각을 했었다. 차라리 바람피울 능력이라도 있어서, 지금 곁에 누군가 있으면 좋겠다는 생각. "진짜 힘들더라" "그 사람들 진짜 나쁘더라" 이런 말을 누군가에게 할 수 있다면. "목이 너무 아픈데, 물 한 잔만 떠다 줄래?" 말할 수 있는 사람이 곁에 있다면, 참 좋을 것 같았다. 아이와의 약속을 지켜낼 힘도, 바람피울 능력도 못 갖춘 나는, 그저 혼자 밤새 떨었다.

조정이 준 타격은 꽤 컸다. 며칠을 앓았고, 한동안 모든 것에 허무함을 느꼈다. 그건 뭐랄까. 그동안 굳게 믿어왔던 것이 와르르 무너지는 기분이었다. 소송 초부터 지금까지 '버티고 버텨서 끝을 보고야 말겠다'는 생각을 해 왔던 건 법원에 대한 믿음 때문이었다. 내가 생각해 왔던 법원은 정의를 위한 곳이었다. 그곳에서 정의에 따라 판결이 내려진다면 내 편을 들어주지 않을까, 하는 '어린' 생각. 그 판결을 통해 결혼이 파탄에 이르게 된 과정에 '내 잘못은 적다'는 이야기를 너무나 듣고 싶었다. 내가 잘못하지 않았음을, 법원에서라도 정말 인정받고 싶었다.

막상 겪어본 가정법원은 그런 곳이 아니었다. 정의를 위한 공간도 아니었고 옳고 그름을 판단하는 곳도 아니었다. 그들은 그저 '효율'을 위해 일했다. 누가 잘못했는지는 중요하지 않았다. 둘 사이의 조정을 이끌어야만 조정위원들의 성공률이 올라가고, 조정이 결렬되면 판사님께서 비효율적으로 판결해야 하고, 판결 후에 항소가 이어지면 매우 비효율적이게도 법원 사람들이 더 수고를 해야 한다는, 그런 논리만이 그 세계를 지배하고 있었다.

나는 무엇을 위해 버텨왔을까. 힘을 내 버틴다 한들 항소가 이어질 테고, 1심에서든 2심에서든 누군가 내 편을 들어준다 해도 이제는 별 의미가 없을 것 같다. 효율만을 위해 일하는 그들이 내려주는 판결은, 나도 사양하고 싶어졌다.

그저 좀 편히 쉬고 싶었다. 완전히 바닥난 에너지가 다시 차오르려면 얼마나 시간이 흘러야 할까. "요즘 잘 지내!" 외치던 내가 단 하루 만에 완전히 무너질 만큼, 조정은 정말 끔찍한 시간이었다.

이 가정, 회복될 가능성이 있을까요?

조정을 결렬시켜버린 나는 꽤 소심해져 있었다. '어우, 그 여자 완전 또라이더라고요' 조정위원들이 판사에게 이런 말을 전할 것만 같았다. 진실은 알 수 없었지만, '이혼 불가'로 선고가 나온다 한들 받아들일 마음의 준비는 해야 할 것 같았다. 그래, 뭐, 이판사판 나도 몰라. 에라 모르겠다.

그러던 와중에 잡힌 건 '변론기일'이었다. 소송 초반에는 상대를 마주하는 게 두려워서, 요즘은 연차가 아까워서 참석하지 않게 된 그 변론기일. 같은 말이 또 이어질 텐데 굳이 가서 뭐 하나, 이런 마음으로 변론기일을 대하게 된다. 인간의 적응력이란 역시 엄청난 것이었다. 처음엔 '소송'이란 단어도 버거웠는데, 이젠 '또 변론기일이 왔군'하는 것으로 재판 일정을 받아들이게 된다.

"이 가정, 회복될 가능성이 있겠습니까?" 여전히 질문은 차오르지만, 이제는 누구를 향해 물어야 할지도 모르겠다. 나는 누구와 소송을 하는 것일까. 처음 소송을 시작할 때만 해도 남편이라는 개인과 '싸운다'는 느낌이었지만, 이젠 이 나라의 혼인제도와 가정법원을 설득하는 과정에 있다는 느낌이 더 큰 것 같다. 높으신 분들이 '이혼 불가!'를 외친다 한들 이 가정이 회복될 가능성은 없어 보였다.

2022년 5월 중순, 10시 40분에 양측 변호사들이 만났고 12시에 내게 연락이 왔다. '또 변론기일이나 잡히겠지' 생각하던 나는 "선고기일이 지정됐다."는 말을 듣고 꽤 놀라버렸다. 드디어… 드디어 선고라니. 선고기일이 더 무겁게 다가왔던 건, 아버지의 두 번째 기일 당일로 날짜가 잡혔기 때문. 아버지의 장례 이후에 소송을 결심했는데, 두 번째 기일에 이혼 선고가 내려진다니. 머리로는 '우연히' 날이 겹친 것뿐이라고 생각하면서도 자꾸 마음이 부푸는 것도 사실이었다. 왠지 좋은 결과가 나올 것만 같았다.

친구에게 이런 말을 했었다. "아빠 귀신이 판사한테 씌워서, 나한테 엄청 유리하게 판결 내리고 항소 같은 것도 못 하게 해줬으면 좋겠다."

친구가 웃으며 말했다. "야, 너네 아버지라면 '이혼은 안 된다!' 하

한부모가정의 가장

실 수도 있지 않아?"

역시, 20년 넘은 찐친이란 엄청난 것이었다. 아버지의 성격까지 정확하게 파악하고 있을 줄이야. 그래. 아버지라면, 귀신이 된 와중에도 "이 가시나가 미쳤나! 이혼이라니!" 버럭버럭 소리를 지르며 무덤에서 뛰쳐나올 것만 같았다. "그동안 힘들었지, 내가 도와줄게" 하는 아버지는… 귀신이 된 상황에서도 상상하기 어려웠다.

'그래도 아빠. 이왕 이렇게 된 거 승소 좀 하게 해주면 안 되나요. 항소 같은 것도 좀 막아주면 안 되나요….' 살아계셨을 때라면 꺼내지도 못했을 말들을 상상해본다. 결국 기댈 건 부모인 건지 그런 상상을 자주 하고 있다.

선고가 예정된 날짜는 2022년 6월 말. 6월이 시작될 때만 해도 의욕이 부풀어 올랐다. 전의라 이름 붙여도 될 것 같은, 살벌한 마음이 절로 가득 찼었다. "남편이여, 네가 뭘 하든 나는 잘 살 것이다." "가정법원이여, 당신이 뭐라고 선고하든 나는 내 길을 가리다." 빵빵한 풍선처럼 부풀어 올랐던 당찬 마음은, 선고가 다가올수록 빠른 속도로 오그라들기 시작했다.

재판장이 기각을 선고하고, 남편이 위풍당당하게 이 집으로 쳐들어올 것만 같은 불안감이 자꾸 고개를 들었다. 뭘 해도 집중하기가 어려웠다. 형체 없는 마음이 자꾸 무너지고 있었다. 무너지는 마음을 어떻게든 붙잡아보려 해도 도무지 잡히지 않는 느낌. 선고를 기다리는 것 말고는 할 수 있는 게 아무것도 없어서 답답할 따름이었다.

출퇴근과 아이의 등하교, 당연하게 해오던 일상들이 버거워졌고 자꾸만 멍해졌다. 이혼소송이라는 녀석이 나를 잡아먹어버릴 것만 같은 날들이었다.

6월 둘째 주 주말. 아이는 남편 집에 다녀왔고, 다녀오자마자 "다음 주말에는 아빠가 시간이 안 된대"라고 말했다. 다음 주 스케줄을 미리 알려주는 이런 경우는, 굉장히 낯선 것이었다. '웬일로?'라는 생각이 절로 들었지만 대수롭지 않게 넘겼었다. '다음 주에는 아이를 보내지 않는다' 입력, 그리고 기억. 그에 따른 이유 같은 건 알 필요도 없었고 궁금하지도 않았다. 그저 아이의 스케줄을 공유해야 하는 사람으로만 남편을 대하게 된다. 이제 남편의 존재는 그 정도로 내게 인식되고 있는 것 같다.

셋째 주 주말을 앞둔 금요일 퇴근 시간. 선고 5일 전이었던 그날에, 변호사 사무실에서 PDF 파일 하나를 보내왔다. 예상치도 못한, 남편의 자필 진술서였다.

"존경하는 재판장님"으로 시작하는 문서는 A4용지 4장을 빽빽하게 채우고 있었다.

"변하고 싶습니다. 이제야 알게 된 아내의 아픔들, 노력할 수 있는 단 한 번의 기회도 주어지지 않는다는 것이 너무 받아들이기 힘이 듭니다. (…) 제가 아내에게 하였던 실수를 조금이나마 만회할 수 있도록 노력해 볼 수 있는 한 번의 기회를 간절하게 부탁드립니다. (…) 아직 아무것도 모르고 밝기만 한 제 아이에게 정신적인 고통과 마음의 아픔을 결코 주고 싶지 않습니다. (…) 부디 변한 제 모습으로 노력하며 살아볼 기회를 단 한 번만 가질 수 있게 선처를 고개 숙여 부탁드립니다."

절로 한숨이 나왔다. 남편은, 아직도 본인 감정만 얘기하고 있었다. 본인에게 기회를 주면, 내 아픔을 낫게 할 수 있다는 자기 확신은 대체 어떻게 하면 가질 수 있는 것일까. 어쨌든, 가장 궁금한 것은 '이런 진술서가 재판 결과에 영향을 미칠까?' 하는 것이었다. 담당 변호사에게 물었고, 결과에 영향을 미칠지는 모르겠으나 '혼인을 지속할 수 없는 이유'를 담은 진술서를 하나 써보라는 답변을 들었다. 수요일이 선고였기에, 월요일 오전에는 변호사 사무실로 진술서를 넘겨야 했다. 아이와 주말을 보내야 하는데 이 진술서는 언제 쓰지? 생각하다가 '이 사람, 일부러 주말에 일정 있다고 한 거 아니야? 답변 진술서 쓸 시간 없게 상황을 꾸민 거 아니야?' 라는 생각이 연이어 들었다.

상대 사정이야 알 길은 없었지만, 이런 식의 추측을 해 버리자 마음속 어디에선가 승부욕이 활활 타올랐다. 내가 진술서 하나 못 쓸까봐? 겁나 잘 써주지! 엄청나게 잘 쓰고 말 테다!

금, 토, 일 아이를 재우고 밤마다 컴퓨터 앞에 앉아 A4 3장을 가득 채운 진술서를 완성했다. 잠이 쏟아질 때마다 남편이 쓴 진술서를 읽고 또 읽으며 전의를 불태웠다. 승부욕에 불타서 쓰는 글이라니. 이런 것 또한 처음 해보는 경험이었다.

이 진술서의 독자는 단 한 명, 판사였다. 판사가 가장 듣고 싶은 이야기가 무엇일까를 진지하게 고민했었다. 내가 판사라면 무슨 이야기가 가장 듣고 싶을까. 조정에서의 기억을 떠올려보면, 판사는 선고 이후 양육 태도가 변할 것을 염려하고 있었다. 앞으로의 양육에 대한 다짐을 보여주는 것이 좋으리라. 상대와 혼인관계를 유지할 수 없는 이유를 설득력 있게 풀어내고, 이혼한다 하더라도 현재의 양육 태도가 절대 변하지 않을 것이라는 믿음을 판사에게 주고 싶었다.

처음 쓴 진술서의 시작은 "재판장님"이었다. 하지만 상대의 진술서를 다시 한번 읽고는, 나 역시 "존경하는 재판장님"으로 글을 고쳤다. 이런 건 대체 어디서 가르쳐 준 걸까. 재판장님 앞에는 왠지 '존경하는'이 붙어야 할 것 같은 느낌적인 느낌이랄까. 남편처럼 납작 엎드린 어투를 쓰지 않겠다며 글을 시작했지만, 쓰다 보니 나 역시 "부탁드립니다." "간곡히 청합니다." 등의 문장을 쓰고 있었다. 바닥에 납작 엎드려 "전하, 통촉하여 주시옵소서." 같은 말을 하는 느낌마저 들었다. 나는 무엇을 잘못해서, 잘 알지도 못하는 판사에게 이토록 선처를 호소하는 신세가 되었나. 자괴감도 문득문득 들었던, 그런 진술서 쓰기 대장정이었다.

2박 3일에 걸쳐 완성한 진술서는 월요일 점심시간에 변호사 사무실에 전달했다. 자필로 쓰든 프린트하든 별 차이가 없으리라 생각했지만, 법 절차는 역시 내 생각과는 다른 것이었다. 자필로 써야 한다는 담당 변호사의 설명을 듣고 프린트한 내용 그대로를, 회사 책상에 앉아 새 종이에 베껴 적었다. 완성된 진술서를 보며, 40살 인생 처음으로 '글씨 연습이나 좀 해둘 걸…' 하는 생각을 진지하게 했다. 남편은 글씨를 큼직하고 예쁘게 쓰는 사람이었고, 나는 초등학교 3학년인 아들과 맞먹는 필체를 가진 사람이었다. 내가 판사라 하더라도 남편의 진술서를 더 열심히 볼 것 같았다. 판사에게 이 진술서를 읽을 시간이 있을지도 의문이긴 했다.

선고는 2일 앞으로 다가와 있었다.

혼인 파탄의 책임은

선고는 수요일 오후 1시 55분에 내려진다고 했다. 2시도 아니고, 1시 30분도 아닌 애매한 시간의 이유가 지금도 궁금하다. 5분 단위로 선고를 내리나? 아무튼 그런 건 가정법원의 사정이었으므로, 내가 알 길은 없었다.

선고 당일. 미리 연차를 내야 할지를 심각하게 고민했었다. 어떤 결과가 나오든 평정심 같은 걸 유지할 자신은 없었다. 하지만 태산처럼 남은 아이의 방학을 생각해볼 때, 하나의 연차라도 아끼는 게 옳았다. 점심시간이 지난 1시쯤부터는 내가 있는 곳이 어디인지조차 헷갈리는 상태였다. 어라, 여기가 어디지. 사무실인가. 아니, 법원이었나. 멍하게 앉아 모니터만 바라보고 있었다. 선고 시간인 1시 55분. 핸드폰은 여전히 조용했기에 두 손으로 녀석의 목을 움켜쥐고 노려봤다. 언제 알려줄까. 언제 결과가 나올까. 울려라! 전화야.

2시 11분. 카톡이 울렸다. 변호사 사무실 채팅창에 '선고 결과' 어쩌고 하는 문장이 보였다. 그 창을 누르는 손가락이 조금 떨렸던 것도 같다.

사건에 관하여 오늘 선고내용 말씀드리겠습니다.

1. 원고와 피고는 이혼한다.

2. 피고는 원고에게 위자료로서 10,000,000을 지급하라.

3. 사건본인에 대한 친권자 및 양육권자로 원고를 지정한다.

4. 피고는 원고에게 사건본인에 대한 양육비로 2022.6. 부터 성년이 되기 전날까지 월 금 900,000씩을 매월 말일 지급하라.

5. 소송 비용은 각자 부담한다.

'이혼한다'는 1번 항목만 읽었을 뿐인데, 울컥 눈물이 차올랐다. 이혼해도 된대. 드디어…, 이혼하래! 세상에! 나 이혼할 수 있대! 벌떡 일어나 고개를 숙이고 다급하게 화장실로 향했다. 사무실에 앉아 질질 우는 일 따위는 하고 싶지 않았다. 화장실 문을 닫고 옷을 입은

한부모가정의 가장

채 변기 위에 앉아 여러 번 선고 내용을 읽어 내렸다.

깔끔한(?) 승소였다. 위자료를 지급하라는 것은 남편의 잘못을 인정한다는 것이었고, 친권자 및 양육권자도 나로 지정됐다. 이런 판결, 받으면 기분이 어떨까? 하는 상상을 참 많이도 했었다. 월드컵에서 대한민국 선수가 골을 넣은 것처럼 소리를 지르게 될까. 그 자리에 털썩 주저앉게 될까.

한 줄 한 줄 읽을수록 웃음은 사라지고 눈물이 나왔다. 그냥 눈물이라고 쓰기엔 부족한 그런 울음이었다. 화장실에 누가 들어오면 어쩌지를 걱정해야 할 만큼, 내 안의 깊은 곳에서 이상한 소리가 흘러나왔다. 같은 내용을 읽고 또 읽으며 꺽꺽 울었다. 누구를 향한 것인지도 모를 감사도 절로 나왔다. 가정법원 욕을 그렇게나 해대고도, 이 순간엔 그저 감사했었다. 판사님, 감사합니다. 가정법원님, 감사합니다. 도와주신 변호사님, 감사합니다. 하느님 부처님 세상 모든 신들이여, 감사합니다. 마침 아버지의 기일이었으므로 아버지에게도 감사 인사를 했다.

'아빠, 보고 있어요? 진짜 도와준 거예요? 감사해요! 만세!'

드디어 소송이 끝났다는 기쁨. 누군가가 나의 고통을 인정해줬다는 위안. 이런 생각들이 꽤나 크게 마음을 흔들고 지나갔다. 하지만, 그런 기쁨의 시간을 보낸 후 눈물을 닦으며 화장실 거울을 마주했을 때는, 의아할 만큼 기분이 가라앉아 있었다.

가까운 지인들에게 선고 결과를 알렸다. 소식을 들은 그들은 되물었다.

"축하한다고 하면 되는 거지? 이혼을 축하한다고 하려니, 맞는 표현인지 모르겠다." 나는 그들에게 "당연히 축하해야지! 재판에서 승소한 거잖아!"하고 웃으며 말했었다. 100% 진심이었다. 하지만 내 안의 감정들은, 그것보다는 좀 더 복잡한 것이었다. 온전한 기쁨이라고 표현하기엔 무언가 부족했다. 길고 긴 꼬리가 따라오는 느낌이랄까. 묵직한 무언가가 기쁨을 끌어당기고 있었다. '뭐야, 사실은 이혼하기 싫었던 거야?'를 되물어야 했을 만큼, 기쁨 뒤의 감정이 무거웠다. 이 감정이 무엇인지 도무지 알 수가 없었다. 혼자 길을 걸을 때나 혼자 멍하게 앉아 있는 깊은 밤이면 자꾸 눈물이 났다. '만감이 교차한다'는 말의 의미를 제대로 이해했던 날들.

이틀 후, 판결문 전문을 전송받았다. 선고 날에는 핵심적인 결과만이 내게 전해졌고, 판사가 직접 쓴 판결문 전체를 전달받은 건 이틀 후였다. 판결문에서 가장 눈길을 끈 건 "혼인관계 파탄 경위에 비추어 보건대, 원-피고의 혼인관계 파탄에는 피고의 책임이 크다."

는 문장이었다. 뒤로는 "피고의 위와 같은 잘못으로 혼인관계가 파탄됨으로써 원고가 정신적 고통을 받았을 것임은 경험칙상 명백하므로"라는 문장이 이어졌다.

그 문장을 곱씹어 읽으며, 매우 간절히 남편에게 전화를 걸고 싶었다. "거 봐! 너 때문이라잖아. 당신이 잘못했다고 법원에서도 그러잖아!" 다 소용없는 짓인 걸 알면서도, "너 때문이라잖아!"라는 말을 남편에게 너무나 직접 전하고 싶었다.

소송이 진행되는 2년 동안, 나는 남편을 원망하는 스스로를 의심했었다. 내가 못 견뎌서, 내가 무책임하게 뛰쳐나와서, 소송까지 시작한 주제에 남을 원망할 자격이 있나. 가정을 깨뜨린 건 나. 아이가 불완전한 가정에서 자라는 것도 나 때문. 남편 또한 이런 선택을 해버린 나를 원망한다는 말을 수차례 했었기에, 원고인 내가 원망 같은 걸 품을 자격이 없다고 생각했었다. 판결문을 보고서야, '혼인 파탄의 책임이 피고에게 있다'는 깔끔한 문장을 보고서야, 억눌러놨던 상대를 향한 원망이 마구잡이로 터져 나왔다.

너 때문에, 너 때문에, 너 때문에. 이 가정이 깨진 건 너 때문이야. 우리가 이혼하게 된 건, 당신이 잘못해서 그런 거야. 내가 소송을 시작한 게 문제가 아니라, 당신의 무책임한 행동들이 문제였던 거라고. 누구보다 내가, 온전한 가정을 이뤄가고 싶었어. 행복한 가정이라는 거, 정말 가져보고 싶었다고. 너 때문에 나는 이혼을 택하게 된 거고, 너 때문에 우리 아이도 온전한 가정에서 자라지 못하게 된 거야. 네가 원인 제공자야. 나 때문이 아니라고!

부부 상담 당시 상담사는 내게 말했었다. "남편분을 마음껏 미워하세요. 미워하는 건 나쁜 게 아니에요. 그래야 편해져요." 당시에도 고개를 주억거리며 그 말을 받아들였다고 생각했었다. 아니었다. 정말, 아니었다. 내 안에 이런 괴물이 살고 있었나, 놀랄 만큼 뾰족하게 날 서 있는 덩치 큰 미움과 원망을 마주했다. 판결문을 들이밀며 쌍욕을 날리고 남편을 마구잡이로 패버리고 싶다는 것이 솔직한 마음이었다. 이렇게 폭력적인 인간이었나, 스스로를 돌아볼 만큼 큰 원망이 터져 나왔다. 배설되지 못하고 오래오래 묵어 결국엔 곪아버린 감정들. 그것들이 내 안에 너무 크게 자리 잡고 있었다. 이런 건 어떻게 해결해야 할까. 시간에 기대어 있으면 사라지나? 평생 품고 살아야 하나. 뭐 귀한 거라고, 이런 고약한 감정을 품고 사나.

판결 후, 개운하게 기쁨을 느끼지 못했던 이유도 알 것 같았다. 기쁨이라는 새로운 감정만 오롯이 느끼기엔, 내 마음에 쌓인 것들이 너무 많았다. 온갖 원망들이 가득한 똥 밭에, 귀한 씨앗 하나가 톡

떨어졌을 뿐.

'앞으로 뭐가 달라지나'하는 현실적인 생각도 연이어 들었다. 그렇게나 사람을 뒤흔들었던 소송이 끝났다. 그것만으로도 충분히 기뻤지만, 달라지는 게 아무것도 없다는 현실적 체감은 꽤 허무한 것이기도 했다. '법적 남편이 사라졌다.' 그걸 위해 2년을 쏟아부었다. 성공! ……. 그다음은? 아무 변화도 없었다. 그저 이대로 살아가면 된다는 확답을 받았을 뿐. 잘 알고 있었으면서도, 막상 그 끝에 서니 허탈하고 허무한 것 또한 사실이었다.

판결문을 본 날, '남편'이라 저장되어 있던 상대의 이름을 바꿨다.
'○○아빠'

남편이라는 단어는 나와 연결된 관계에 붙여진 이름이었으므로, 아이의 아빠로만 존재하도록 이름을 새로 저장했다. 왜 여태 바꾸지 않았냐고? 굳이 그럴 필요를 느끼지 못했었다. '남편'은 '남의 편'의 줄임말이었으니까. 과거 한때, 그의 번호는 애칭으로 저장되어 있었다. 언제인지 기억도 나지 않는 어떤 때에는 앙증맞은 하트도 붙어 있었다. 시간이 흐르면서 하트를 지웠고, 애칭을 지웠고, 그와 나의 관계를 나타내는 말 '남편'으로 저장했었다.

남편으로 이름을 바꾸던 날에도 우리는 싸웠다. 그 싸움 끝에 '아아, 저 사람은 죽어도 내 편은 아니겠구나' 확신이 들었고, 상대의 이름을 '남편'으로 저장했었다. '남의 편'으로 솔직하게 저장해두면 그걸 본 상대가 화를 낼 게 두려웠으므로. 조사 '의'는 숨기고 관계만을 나타내는 단어로 보이도록, 그의 이름을 저장했었다.

죽어도 내 편은 아닐 사람. 내 핸드폰에 남아있던 '남의 편'도 사라졌다. 이제 완전히 남이 되어버린 상대. 그저 아이의 아버지로, 그 역할로만 내게 남았다.

한부모가정의 가장

끝날 때까지 끝난 게 아니지

　선고 후 2주. 이 시간을 무사히 보내면 선고는 확정된다. 바꿔 말해, 2주 안에 항소장이 접수되면 이 재판은 다시 시작되는 것이었다. 마음 편히 2주를 흘려보낼 성격은 못됐다. 수시로 이혼소송의 항소에 대해 검색했고, 담당 변호사에게 묻기도 했다. 공통적인 이야기는, 이혼소송의 경우 항소를 한다 해도 '선고를 뒤집을 만한 새로운 증거'가 없을 때는 결론이 달라질 가능성이 거의 없다고 했다. 새로운 증거? 그건 나의 유책을 증명하는 것이어야 했다. 예를 들면 바람을 핀다는 증거 같은 것. 그런 것이 있다면 결과가 바뀔 수도 있다고 했지만, 안타깝게도 내게는 바람피울 능력이 없었다. 그러니 결론이 달라질 만한 여지는, 내가 봐도 없는 것 같았다.

　남편도 이런 이야기를 듣고 있을 터였다. 항소하면 또 변호사 선임비를 내야 할 테고, 결과가 뒤집힐 가능성도 없는 소송을 위해 다시 재판할 이유가 무엇일까. '합리적'으로 그렇게 생각했었다.

선고를 받은 지 정확히 2주를 채운 날. 오전 11시쯤 카톡 알람이 울렸다. "상대방이 항소장을 제출하였음을 알려드립니다."

하아, 정말 깊고, 깊은 한숨이 나왔다. 변호사 사무실에서 오는 연락에 '네, 알겠습니다' 정도의 답만 해왔었는데, 이번에는 진심을 담아 답을 써 보냈다. "올여름에는 지리산이나 다녀와야겠어요. 정말 지리지리하네요." 진짜 딱 그런 기분이었다. 굉장히 지리지리 지긋지긋 징글징글.

그래, 설마 이대로 끝날까, 싶기는 했었다. 선고 직전까지도 자필 진술서 등으로 진을 다 빼놓은 상대였다. 그에 대해 알 만큼 안다고 생각하면서도, 왜 섣부른 기대를 품었을까. 기대를 품지 않았다면 좌절할 일도 없었을 텐데.

선고가 내려졌던 아버지 기일에는, 기일 미사 내내 속으로 '감사해요, 감사해요. 도와준 거라 믿어요. 감사해요'를 가볍게도 외쳐댔었다. 항소장이 접수된 건 어머니의 기일 전날. 완전히 다른 마음으로 어머니 기일 미사에 참석했었다.

'아아, 막을 방법이 없었나요. 설마 아빠가 이혼 찬성하고, 엄마가 반대하는 그런 건 아니겠죠?' 바보 같은 생각인 걸 잘 알면서도, 하필 기일 시즌에 작정한 듯 터지는 이혼 관련 일들은 자꾸 부모님을

한부모가정의 가장

떠올리게 했다.

상대가 항소했으니 이제는 내가 피고였다. 내가 피고라니. 소송을
당한 피고가 되다니. 내가 뭘 잘못한 건데! 뻗치는 화를 대체 어떻게
다스려야 하는 걸까. 상대에게 퍼붓는다 한들 무엇이 달라질까. 자꾸
달아나려는 정실줄을 꼭 움켜잡았다. 잠시라도 정신을 놓으면, 남편
에게 전화를 걸어 욕을 한 바가지 퍼부을 것만 같았다.

사회적 지위와 체면 같은 건 개뿔 없는 입장이기에 마음 가는 대
로 해버리고도 싶었지만, 소송 중인 상대에게 그런 짓을 저지를 수
는 없었다. 그리고 상대는 아이 아빠였다. 평생 안 보고 사는 것이
불가능한 사이. 막 나가고 싶은 충동을 잠재우는 딱 하나의 이유. 바
닥까지 내려가지는 않으려 스스로를 다잡아야만 했다.

남편과의 결혼생활이 다시금 떠오르는 날들이었다. 그때의 나는,
남편과 아이와 시댁 식구와 외딴섬에서 살아가는 기분이었다. 그곳
에서는 온전히 숨을 쉴 수 없었다. 매일매일 '콱 죽어버릴까?' 생각
하다가, 여기서 죽든 다른 섬으로 탈출하다 죽든 마찬가지라는 생각
을 하게 됐었다. 나름은 꽤 비장하게 용기를 끌어모아 아이를 옆에
낀 채, 첨벙 바닷물에 뛰어들었다. 물은 너무 차가웠고, 하늘은 까맸

고, 한 치 앞도 보이지 않았다. 이혼소송의 시작은 내게 그런 '탈출'의 느낌이었다. 섬에서 멀어지면 멀어질수록 점점 더 힘이 차올랐다. 조금만 더 가면 다른 땅이야. 태양이 떠올라 주변도 밝아졌고 새로운 풍경도 펼쳐졌다. 선고는, 마침내 바다 건너 다른 섬에 도착했음을 알려주는 신호 같았다.

'와, 여긴 어디지? 세상에! 진짜 여기까지 왔구나.'

두 다리로 우뚝 서서 새로운 섬을 천천히 둘러보는 느낌이랄까. 희망에 가득 찬 그 순간, 발목을 잡아당기는 힘이 느껴진다. 내 발목에 묶여 있던 끈. 그 끈을 당긴 건 외딴섬에 있는 남편이었다. 항소는 내게, 남편이 힘껏 밧줄을 다시 잡아당기는 느낌으로 다가왔다. 그 힘을 이길 수가 없었다. 방금 디딘 땅이 어떤 곳인지 살펴보기도 전에 꼬꾸라져 버렸다. 이대로 또 끌려가고 싶지 않았기에 눈앞에 보이는 것들을 서둘러 잡아보지만, 내 앞에 펼쳐진 건 모래사장뿐. 발목에 묶인 끈에 질질 끌려 속절없이 다시 바다로 풍덩.

얼마나 더 발버둥 쳐야 할까. 이 끈을, 내 힘으로는 도저히 풀어낼 수 없다는 자괴감. 무력함. 허무함. 남들이 풀어줘야 한다는 걸 너무나 잘 알기에, 버티는 것 말고는 할 수 있는 것도 없다. 제발 이 끈 좀 풀어주세요, 제발. 허공을 향해 외쳐대는 기분이다.

내 인생을 망치러 온 나의 구원자

금요일 퇴근길. 현관에 낯선 쪽지 하나가 붙어있었다. '우편물 도착 안내서.' 우편물은 '법원등기'로 분류되어 있었고, 보낸 사람은 '가정법원'으로 명기되어 있었다. 아무리 멍청이라 하더라도, 집에 도착한 우편물이 '항소장'이라는 것은 짐작할 수 있었다. 법원등기는 본인이 직접 받아야만 하는데, 우편물을 받아야 할 사람이 회사에 있었으므로 우편물을 다시 가져갔다는 것도 쉽게 짐작이 됐다.

1심 소송 때는 변호사를 선임한 후였기에, 이런 우편물을 받은 적이 없었다. 법원에서 무엇을 보내든 법정 대리인인 변호사 사무실에서 수령했고, 그것을 PDF 파일로 만들어 카톡을 통해 깔끔하게 전달해 줬었다. 1심이 완료되었으므로 법정 대리인 또한 사라진 셈. 나는 2심 변호사를 선임하지 않은 채였고, 그게 우편물 수령 같은 문제로 내게 다가올 줄은 예상하지도 못했다.

안내서에 적힌 번호로 전화를 걸었다. 담당 집배원은 평일에 다시 방문할 테니 집에서 받거나, 직접 우체국에 와서 찾아가는 방법을 제안했다. 평일에 집에 있으려면 연차를 써야 했고, 연차를 아끼려 우체국으로 직접 가는 것도 너무나 귀찮았다. 아아, 그러니까 왜 항소 같은 걸 해서 사람을 귀찮게 만들어! 화가 치솟다가 문득 다른 걱정 하나가 고개를 들었다.

'우편물을 찾지 않으면 법원으로 반송되겠지? 법원에서는 반송된 우편물을 보고 집에는 사람이 없다고 생각할 테고, 다른 주소를 찾다가 회사로 항소장을 보내면 어떡하지?' 말도 안 되는 전개라는 걸 이성적으로는 잘 알고 있었지만, 한번 그런 생각이 떠오르니 혹시나, 만약에 그런 일이 벌어질까 봐 꽤 진지하게 걱정이 됐다. 사람이 하는 일, 어디서든 무슨 일이든 벌어질 수 있지 않을까. 걱정에 압도된 나는, 빠른 시일에 항소장을 손에 넣어야겠다는 결심을 했고, 월요일 점심시간에 우체국으로 등기를 찾으러 가겠다고 약속했다.

월요일 아침부터 장대비가 쏟아졌다. 비를 뚫고 우체국에 들어섰을 땐 꼴사납게 젖은 상태였다. 온몸에서 땀이 났고, 점심시간이 끝나기 전에 돌아가야 했으므로 마음에서도 땀이 났다. 서둘러야 한다는 생각만 가득했다.

우편물을 담당하는 직원은 내 이름을 확인한 후 등기 보낸 사람이 누구인지를 물었다. 급한 와중에도 나는 선뜻 대답하지 못하고 "네? 아, 아…" 하며 말을 더듬었다. 그러고는 직원 쪽으로 몸을 바짝 기울여 "가정법원이요."하고 기밀을 전달하듯 속삭였다. 우체국 직원은 대수롭지 않다는 듯 몸을 움직여 우편물을 찾기 시작했다. 직원의 뒷모습을 보며, 스스로가 참 한심하게 느껴졌다. 2년 동안이나 소송을 해온 주제에, 가정법원이라는 단어 앞에서 아직도 작아지다니.

그렇게 받아 든 항소장. 봉투에 적힌 내 이름 옆에는 한 줄의 고딕 글씨가 적혀 있었다. "배우자에게는 주지 마십시오." 가정법원에서 보내는 등기에는 수신인 옆에 이 문구를 자동으로 붙이는 듯했다. 어쩌다가 이런 문구를 넣게 됐을까. 발송자가 무려 가정법원인 봉투였다. 전 배우자와 연관되었을 것이 확실한 이 봉투를, 현 배우자가 받는 일이 세상에는 많이 일어났던 것일까. 그 문구를 보면서 새삼 느꼈던 것 같다. '나는 아직도 인생 '쪼렙'이구나.'

전 배우자와 현 배우자 사이, 그 어딘가에 있는 사람도 많은 이 세상에서 나는 전 배우자 하나로도 어쩔 줄 몰라 하는 상태였다.

우편물을 찾아 회사로 돌아왔다. 푹 삶긴 시금치 같은 몰골이었다. 머리부터 쫄딱 젖은 채였고, 온몸이 축 늘어질 만큼 피곤했다. 날씨가 더운 건지, 속에서 천불이 나는 건지 알 수는 없었다. 점심시간이 끝나가는 사무실. 모두 분주하게 오후 업무를 준비하고 있었다. 공적 공간에 있는 누군가가 매우 사적인 이 우편물을 보게 되는 것이 큰 걱정이었으므로, 재빨리 서랍 깊숙한 곳에 항소장을 숨겼다. 그리고 서둘러 김밥을 까먹었다. 몸과 마음이 어떤 상태든 김밥은 역시 맛있다고 생각하며, 40살 생일을 그렇게 흘려보냈다.

　며칠 후, 남편에게 먼저 연락을 했다. 항소와는 아무 관련도 없는 내용이었다. 아이의 3학년 여름방학이 다가오고 있었고, 돌봄교실도 이용할 수 없는 3학년 초딩의 오전 시간은 완전한 공백 상태였다. 항소가 들이닥친 상황에 이런 연락을 하는 것이 정말 내키지 않았지만, 아이의 공백을 혼자서 감당하는 것도 불가능했다. 자존심이란 녀석과 현실 순응이란 녀석이 마음에서 꽤 거칠게 싸워댔다.
　'항소까지 당한 주제에 남편한테 먼저 연락을 해? 자존심도 없냐? 도우미 시간을 늘려.' 자존심이 자존심을 부렸고, '도우미 비용도 만만치 않고, 애가 아빠 집에 가겠다고 할 게 뻔한데, 미리 스케줄을 맞추는 게 옳아.' 현실 순응이 대안을 제시했다.

나는 현실에 순응하는 쪽을 택했다. 남편은 항소를 제기한 사람이라고는 믿을 수 없을 만큼, "스케줄 맞춰볼게"라고 다정하게도 답변했다. 방학이 시작되고 남편은 약속대로 매주 아이를 데리고 갔다. 그 덕에, 마음 편히 야근하며 방학을 보낼 수 있었다.

또 이런 식으로 방학을 보내고 있다고 하면 주위 반응은 극과 극으로 나뉘었다. "애 아빠니까 당연히 봐줘야지."라고 말하는 당연파와 "그 사람 입장에선 거절해도 되는 건데 진짜 고맙다."고 말하는 감사파. 시간이 갈수록 내 마음은 감사파에 가까워졌다. 이혼가정의 면접 교섭은 2주 간격 1박 2일로 진행되는 것이 일반적이었다. 일반적인 그 기준들과 무관하게 내 스케줄에 맞춰 2박 3일씩이나 아이를 돌봐줬으므로 매우, 엄청나게 고마운 마음이 들었다. "네가 알아서 해야지"라고 거절한다 해도 받아들일 수밖에 없는 입장이니까.

아이를 데리러 온 남편을 마주할 때면 기분이 참 묘했다. '항소로 나를 괴롭히는 나쁜 놈!' 하는 마음과 '아아, 아이를 맡아주고 야근도 할 수 있게 해주는 고마운 분' 이라는 마음이 함께 들었다. 중간은 없는, 극단적으로 다른 마음이 한 사람을 향할 수도 있다는 사실에 꽤 놀라버렸다.

이쯤 되니 이혼한 사람의 '마음'이라는 건 칸칸이 나뉜 도시락 같은 게 아닐까, 생각했다. 한 칸에서는 상대를 향한 뿌리 깊은 원망이 뜨겁게 끓어오르고, 다른 한 칸에선 고마움이라는 보드라운 감정이 자리 잡을 수 있는.

　또한 이 모든 감정이 뒤섞여야 비로소 '일반적인 부부'로 거듭나는 게 아닐까. 함께 부대끼는 시간이 쌓이면서 극단적인 감정이 뒤범벅되고, 그래서 원래의 상태를 알 수 없게 돼버린 것에 정(情)이니 의리니 하는 이름을 붙이는 걸지도.

　'일반적인 부부'가 되지 못한 나는, 이 감정들이 섞이지 않은 채 오롯이 제 자리를 지키고 있었다. 고마운 마음이 있다고 한들 미움이 줄어들지도 않았고, 미움 때문에 고마움을 잊는 일도 없었다. 그저 아이를 보내는 그 순간 고마웠다가, 뒤돌아서면 디폴트값인 미움으로 마음이 냉정하게 옮겨갔다. 이혼한 부부사이란 이런 것이구나, 새삼 느꼈다.

　밉고도 고마운 양육협조자. 지금의 내게 남편은, 그런 존재로 남게 된 것 같다.

시급 400만 원 아르바이트

항소 역시 변론기일이 잡히는 것으로 시작됐다. 항소장부터 변론기일 안내서까지 모두 등기우편으로 왔으므로, 점심시간에 우체국에 다녀오는 것에도 익숙해지고 있었다. 익숙해졌다 해도 의문은 들었다. 저기요, 가정법원님. 21세기 아닌가요. 우편물을 오프라인으로 전달하는 것 말고는 정말 방법이 없나요.

사실, 해결책은 있었다. 1심 때처럼 변호사를 선임하면 됐다. 변호사만 선임하면 우편물 수령으로 스트레스받는 일 따위 일어나지 않으리라. 1심 때의 변호사님과 여러 번 통화도 했었다. 이대로 항소가 진행되면 선임하겠습니다, 라며 계약서도 미리 받아둔 상태였다. 하지만, 변호사 선임비를 아끼고 싶었다. 2심은 보통 1심보다 비싼 선임비를 내야 하지만, 내 경우엔 1심을 승소했고 2심에서도 다툴 만한 새로운 쟁점이 없었기에 1심과 같은 비용을 내면 된다는 이야기를 들었었다. 같은 비용, 400만 원. 안타깝게도 그건 내게 너무 큰 돈이었다. 제발 남편이 항소를 취하해주길 바라는 마음으로 계약을 차일피일 미루던 상황이었고, 변론기일이 열흘쯤 앞으로 다가왔을 때 나는 온갖 용기를 끌어모아 남편에게 연락을 했다.

"혹시, 항소 취하할 생각이 없나요?" 늘 뜻밖의 말을 꺼내서 나를 놀라게 하던 남편은 그날도 역시 뜻밖의 대답을 했다. "괜히 돈 쓰고 변호사 선임하지 마. 나도 안 했어. 한 번 만나서 얘기하자. 시간 많이 안 걸릴 거고 의견 조율하고 합의서 작성한 후에, 내가 취하할게."

남편이 항소한 사실을 처음 알게 됐을 때, 왜 항소했는지 물어본 적이 있었다. 그 질문에 남편은 "2주 안에 항소 접수 안 하면 완전히 끝이라니까 일단 낸 거야. 나도 고민하고 있어."라고 답했었다. 변론기일을 앞두고 취하 의사를 묻는 내게 남편은, 만나자는 이야기를 꺼냈다. 잘못 봤나 싶어서 남편이 보내온 카톡을 여러 번 읽어야 했다. 만나자는 제안도 마음에 안 들었지만, 1심 선고가 나온 마당에 합의서라니. 역시, 이해하기 어려운 상대였다.

일단 차분히 생각이란 걸 해야 했다. 변호사를 선임해 모든 걸 맡겨버리고 싶은 마음이 굴뚝같았지만, 변호사 선임 이후에 남편이 항소를 취하하면? 나는 선임비를 날리게 된다. 400이면 몇 달 치 아이 학원비인데, 400이면 맥주가 몇 캔인데, 400이면 영어학습지도 시킬 수 있고, 400이면…. 아아, 과연 이게 나의 현실이었다.

앞으로 이어질 여러 번의 방학도 걱정됐다. 남편의 협조 없이는 방학을 보내기 어렵다는 것이 최근의 결론. 지금의 양육 협조에 변화를 초래할 만한 어떤 빌미도 만들고 싶지 않았다. 한 번쯤, 그래, 한 번쯤 더 이 사람의 요구를 들어주고 기분을 맞춰주는 것이 필요하지 않을까. 나는 또 비겁한 선택을 하는 걸까, 자문도 들었지만, 돈 400만 원과 돌봄 공백 앞에서 한없이 작아질 수밖에 없었다. '대면 대화는 1시간 이내'라는 조건을 내걸고, 시급 400만 원짜리 아르바이트를 한다고 생각하기로 했다. 죽도록 싫다 한들, 이것이 현실이니까.

법원에서 변론이 진행된다는 그 시간에 우리는 만나기로 했다. 변론기일에 법원에 갈 생각이 없다는 남편의 말을 나는 믿지 못했고, 둘 다 변론에 참석할 수 없는 시간에 다른 장소에서 만나자는 것으로 이야기가 흘렀다. 예정되어 있던 변론은 오후 4시. 우리는

3시에 만나 4시에 헤어지는 것으로 일정을 정하고, 만남의 장소는 내가 정하기로 했다. 평일 오후 3시, 너무 조용한 곳은 피해야 했다. 나 혹은 남편이 얼마나 소리를 질러댈지 예상하기 어려웠고, 우리의 대화가 남들에게 들리는 것도 걱정이 됐다. 고민하다 결정한 곳은 넓은 창고형 베이커리. 늘 적당히 소란스러웠으며 음료도 함께 판매하니 딱 적절하다 싶었다. 거참, 책 읽으러 들르던 곳에서 이런 만남이 이뤄질 줄이야.

반차를 내고 약속 장소에 자리를 잡았다. 정확한 시간에 남편도 도착했다. 조정 결렬 전 만났으니, 7개월 만이었다. 그 분위기를 어떻게 설명해야 할까. 나는 남편의 어깨 혹은 테이블만 바라보며 말을 했고, 남편이 어디를 보고 있는지는 알 수도 없었다. 확실한 건, 일로 만난 사이도 이렇게 어색하지는 않을 거라는 사실. 그 누구의 개입도 없이 우리는 단둘이 마주 앉았다.

"하고 싶은 이야기가 대체 뭔데?" 뾰족한 내 질문에 남편은 태블릿을 꺼내 미리 작성해 온 문서를 보여줬다.

- 약속한 날짜가 아니어도 아이를 보고 싶을 때면 데려가는 것을 허락해준다.
- 아이의 주변 친구들이나 학교 등에 이혼 사실을 너무 대놓고

드러내지 않는다.

- 앞으로 아이에게 이벤트(학교 행사, 체육대회, 결혼, 입대 등)가 있을 때는 웬만하면 함께 자리한다.
- 아이의 학교생활 등에 문제나 특이사항 발생 시 공유하고 함께 의논해 해결한다.
- 건강에 큰 이슈가 발생할 시 반드시 이를 알리고 공유한다.

잠시 말문이 막혔다. 400만 원을 아끼려 이 자리에 앉은 나는, 상상의 나래를 펼치고 있었다. 그렇게 버티더니 항소를 취하한다는 이유가 뭘까. 항소 취하를 조건으로 내게 무엇을 요구하려나, 매우 불안하기도 했었다.

남편이 적어 온 요구 사항을 한 줄 한 줄 읽으면서 우리가 얼마나 '다른' 사람인지를 절절히 깨달았다. 올해 열 살인 아이의 입대와 결혼 등을 이야기하는 것도 이해하기 어려웠지만, 이 내용들은 항소 취하를 걸고 나누는 조건이라기엔 너무 소소하게 느껴졌다. 그리고 뭐랄까, 너무 다정했다. 남들에게는 어떻게 느껴질지 모르겠지만, 내겐 그랬다. 특히 건강상의 이슈 부분. 유방암으로 어머니가 돌아가신 터였기에 남편은 그 유전에 대한 걱정을 자주 했고, 40세가 되면 매년 건강검진을 받아야 한다고 거듭 말하곤 했었다. 그가 40살이 된 나를 앞에 앉혀두고 건강에 문제가 있으면 알려달라는 문서를 들고 와, 항소 취하에 대해 말하고 있었다. 정말, 너무 한결같아서 웃지도 울지도 못하는 상태였지만, 티를 낼 수도 없었다. 우리는 이혼할 사이니까. 그런 기억 같은 건 굳이 헤집을 필요가 없으니까.

온갖 기분과 감정을 삼키려 마스크를 내리고 물을 한 모금 마셨다. 그 순간, 본인이 적어 온 문장들의 의미에 대해 부연 설명을 하던 남편의 목소리가 떨렸다. 잠시의 침묵. 그리고 이어지는 말은 "마스크 내린 거 오랜만에 보니까, 진짜 울컥하네" 같은 것들이었다. 나는 남편의 목소리가 떨리는 순간부터 그의 감정이 흔들리고 있음을 눈치챘지만, 모르는 체했다. 다시 마스크를 쓰고 테이블만 바라봤다. 나라는 인간은, 내 앞에서 누군가 울면 따라 울어버리는 인간이었으므로. 이 상황에, 상대의 감정에 동요되어 버릴 수는 없었다.

"우리가, 어쩌다 이렇게…." 남편의 말에도 나는 묵묵히 테이블만 바라봤다. 그래. 그랬던 우리였다. 연애 당시, 남편의 이런 순수함이 좋았던 때가 있었다. 계산적이지 않은 우직한 모습이랄까. 지랄맞은 성격 밑에 깊게, 깊게 감춰진 순수한 성품이랄까. 그런 것에 완전히 매료되어 있었다. 하지만 결혼 이후 계산적이지 않은 그 순수

한부모가정의 가장

함이 얼마나 버거운 것인지를, 나는 너무 처절하게 배워야 했다. 특히나 아이가 태어난 후, 나는 안정적으로 가정을 꾸리고 결혼생활을 이어가고픈 현실적인 생각뿐이었지만 남편은 연애감정만 마음에 품은 채였다. 기본 생각이 다르니 대화는 늘 어긋났다. 연애감정? 그딴 건 팍팍한 생활을 끌어가며 모두 증발해 버렸다. 하지만 남편은 한결같이 순수함을 품은 채, 나를 대하고 있음을 참 새삼스럽게도 깨닫게 됐다. 그래, 변한 건 나였다. 생활에 치여 사랑 따위는 잊은 지 오래. 사랑 그딴 건, 다시는 내 삶에 들여놓지 않겠다고 다짐하며 살고 있었다. 남편은 여전히 그리움을 품고 과거를 바라보는 사람이었다. 우린, 끝까지, 참으로 달랐다.

말랑말랑한 남편의 감정에 절대로 말려들고 싶지 않았다. 무려 2심을 겪고 있는 원고와 피고인 우리에게, 아련함 따윈 어울리지 않았으니까.

그럼에도, 그렇게나 마음을 다잡았음에도 바보같이 눈물이 그렁그렁 차올랐다. 왜 그 시절을 떠올리면, 그 시절 이야기를 하면 이렇게 쉽게 울어버리는 걸까. 한낮, 북적이는 커피숍에서 우리는 마주 앉아 울었다. 그는 과거를 회상하며 울었고, 나는 원망을 쏟아내며 울었다. 이 나이에, 이 덩치에, 참 어울리지 않는 짓이었지만 우리는 그랬다.

　잠시의 침묵 뒤 나는 나가자고 말했다. 아이의 하원 시간이 다가오고 있었다. 문 앞에서는 남편이 말할 틈도 주지 않은 채 돌아서며 말했다. "나는 이쪽으로 갈게."

　그렇게 우리는, 각자 삶의 자리로 돌아왔다. 그리고 며칠 후 항소를 취하했다는 남편의 연락이 왔다. "… 아프지 말고 잘 살아. 미안했어. 진심으로 미안해. 지키지 못한 많은 것들이. 당신을 끝까지 지키지 못해서 미안해…"

　옮긴 문장 앞뒤로 더 길고 긴 문장들이 이어졌다. 역시 그는, 나보다 더 문과형 인간인지도 모르겠다. 덜 문과형인 나는 항소를 취하해준 덕에 스트레스를 안 받게 되어 좋다고, 짧게 답했다.

　사실, 남편에게 하고픈 말은 따로 있었다. 굳이 말할 필요가 없어서 전하지 않았을 뿐.

　'우리는, 자기 자신을 지켜야 했어.'

　돌아보니 그랬다. 남편은 본인을, 나는 나를, 그렇게 각자 자신을 지켜냈어야 했다. 남편은 자신의 책임감과 의무를 놓아서는 안 됐고, 나 역시 내 생각과 의견을 버려서는 안 됐다. 각자를 놓아버렸던 우리는, 불행할 수밖에 없었다.

2년 1개월. 우리의 길고 길었던 소송이 마침내 마무리됐다. 결혼한 지 11년, 별거 3년, 아이는 3학년 마지막 학기를 보내고 있다. 1심의 원고였던 나로서는 상대의 항소 취하로 이 과정에 마침표가 찍히는 것이 조금 아쉽기는 했다. '승소' 했다기보다 상대의 허락을 받은 느낌이었달까.

그런 느낌으로 끝을 내느니 소송을 다시 이어갈래? 누군가 묻는다면, 절대, 결단코 그런 일은 없을 거라고 대답할 것이다. 앞으로의 인생에 법원과 엮이는 일은 절대로 만들지 않으리라.

아이를 남편에게 보낸 주말. 나는 홀로 조촐한 파티를 했다. 선고가 나왔을 때 했던 그대로, 4캔에 11,000원짜리 맥주를 사서 하나씩 하나씩 천천히 비웠다. 캔 하나에 추억과 캔 하나에 사랑과 캔 하나에 원망과 캔 하나에 쓸쓸함과…. 그런 것들을 곱씹고 곱씹으며 술을 마셨다. 유통기한이 지나버린 햄을 안주로 곁들였다. 그 햄이, 마치 우리 사이 같았다. 주어진 기간이 다 끝나버린 관계. 유통기한 안에 제 역할을 해내지 못한 그런 관계.

술에 취해 잠든 그 밤, 꿈을 꿨다. 꿈같은 건 잘 기억하지도 못하는 내가, 그날은 팔을 퍼덕거리는 바람에 놀라 눈을 떴고, 꿈의 잔상

을 떠올리며 꽤 오래 멍하니 누워있어야 했다. 이 상황에 이런 꿈이
라니, 신기하다 싶은 기분.

　꿈속의 나는, 별거 전 살던 집에 가 있었다. 지금의 집으로 옮긴
가구들이 예전 자리에 그대로 있었지만, 이상하다는 생각도 하지 않
았다. 나는 서랍에서 내 물건들을 꺼내 쇼핑백에 옮겨 담는 중이었
다. 남편은 옆에서 그런 나를 바라보고 있었다. 우울한 분위기는 아
니었다. 나는 매우 신이 나서 집 여기저기를 뛰어다니며, 다이어리
(심지어 올해 사용 중인 다이어리였다. 그게 왜 그 집에 있었을까)
와 어린 시절 사진들을 쇼핑백에 담았다. 그러고는 이런저런 가구의
서랍들에서 브래지어를 마구 꺼내 쇼핑백으로 옮겼다. 그 개수가…,
진짜 엄청났다. 여러 개 쇼핑백에 가득가득 나눠 담아야 할 만큼. 왜
하필 브래지어였을까, 지금도 궁금하다. 글쎄. 부부란 것이 서로의
속옷 사정까지 다 아는 그런 사이라는 의미였던 걸까. 이제는 내 브
래지어를 볼 일이 없는 사람의 집에서 내 물건을 몽땅 싸 들고 나와
버리는 알뜰살뜰함이 참 나답게 느껴지기는 했다.
　아무튼 꿈속의 나는 그것들을 양손 가득 챙겨 들고, 그 집 문을
나섰다. 캄캄한 문 안에서 환한 바깥으로 한 발 내디뎠을 때, 꿈에서

도 어찌나 홀가분한지 밝게 웃어버렸다. 옆에서 남편이 "그렇게 좋냐?" 물었고, 나는 세차게 고개를 끄덕였다. 뒤도 돌아보지 않고 몇 걸음 걷던 나는, 문득 돌아서서 남편 쪽을 바라봤다. 문 앞에 멈춰 선 남편은 작게 작게 손을 흔들고 있었다. 잘 가라는 듯이. 나는 쇼핑백이 주렁주렁 매달린 팔을 머리 위로 쭉 뻗어 신나게 흔들어댔다. 팔을 흔들며 진심으로 여러 번 인사했다.

"안녕, 잘 살아. 나도 잘 살 거야."

"안녕, 이제, 진짜, 안녕 – ."

저도 진짜 끝난 줄 알았습니다만…?

이혼 후 구청에 신고해야 한다는 걸, 어디선가 들은 기억은 있었다. 협의이혼이든 소송이혼이든 가족관계 처리를 위한 절차가 따로 있다는 그런 이야기였다. 항소 취하 후 며칠이 지나서는 법원에 전화를 걸어 묻기도 했었다. "구청에 신고해야 한다는데, 필요한 서류를 어디서 받을 수 있나요?"

법원에서는 "항소 취하가 접수된 직후라서 처리가 안 끝난 것 같은데, 며칠 지나서 받아 가실 수 있을 거예요."라고 말했다. 며칠 후가 언제인지 나는 알 수 없었고, 처리라는 것이 다 끝나면 우편물 같은 걸 보내주겠지, 혼자 생각했다. 그러고는 법원의 우편물을 기다리다가, '신고해야 해'하는 생각을 놓아버렸었다. 그리고 믿어 의심치 않았다. '신고를 반드시 해야 한다면 누군가 연락을 주겠지. 이혼하는 사람들 모두가 절차를 꿰뚫고, 알아서 구청에 갈 리 없잖아.'

라고.

거참, 안이한 생각이었다. 연말이 다가오고서야 문득 구청을 떠올렸다. 깊은 밤, 한해를 돌아보며 야심 차게 새해 계획을 세우던 중이었다. '아아, 올해 드디어 소송이 끝났지, 수고했다. 나 자신!' 같은 생각을 하다가 '어라? 나 구청 안 갔는데' 하는 깨달음이 왔다.

인터넷으로 검색해 보니 소송이혼 신고 시 필요한 서류는 두 가지였다. 판결문 원본과 확정증명원. 둘 다 가정법원에 가야 받을 수 있는 서류라고 했고, 단지 서류를 받기 위해 반차를 쓰기는 망설여졌기에 고심 끝에 변호사 사무실로 연락을 했다.

처음 변호사 선임비를 낼 때만 해도 '400만 원이라니! 너무 비싸!' 생각했었지만, 2년 동안 소송이 이어지면서 낸 돈의 두 배 이상쯤 일을 맡기는 기분이었다. 심지어 항소까지 이어지며 자꾸 연락했기에 미안한 마음이 가득했지만, 인간은 이기적인 동물. 결국 전화를 걸었고 변호사 사무실에서 우편으로 서류를 보내주겠다고 했다.

받은 서류를 들고 구청에 갔다. 혼인신고 할 때 와본 이후 처음이니, 10여 년 만에 다시 찾은 곳. 여기저기 둘러봐도 '이혼 신고' 같은 걸 접수하는 창구는 없었다. 그러다 눈에 띈 것이 '가족관계 등록증

명' 접수창구. 구청 내에서도 '유독' 사람이 북적였던 곳.

창구 직원에게 이혼 신고는 어디서 해야 하는지 물었더니, 몹시 당황한 티를 내며 잠시만 기다리라고 했다. 그러더니 옆자리에 앉아 있던, 좀 더 나이가 많은 직원에게 가서 뭔가를 속삭이며 나를 바라봤다. 귓속말을 듣던 직원은 벌떡 일어나서 "이혼은 반대편 창구로 가면 된다."고 쩌렁쩌렁한 목소리로 안내했다. 거참, 선입견 없는 분이라고 생각했다.

반대쪽 창구는 역시나 한산했다. 뭔가를 신고하려면 서류를 작성해야 할 터. 비치된 서류를 하나씩 살폈다. 출생신고서, 사망신고서, 혼인신고서, 이혼신고서. 출생신고는 이미 했고, 혼인신고도 했고, 언젠가 사망신고도 하게 될 테고. 서류들을 보고 있자니, 나는 가족관계와 관련한 4종 서류를 다 쓰는 그런 존재구나, 라는 생각이 들었다. 모든 사람이 출생과 사망은 할 테니 2장, 결혼하면 3장, 이혼까지 하면 4장…. 이걸 뭐라고 불러야 할까. '그랜드슬램 달성'이라고 해야 하나.

이혼신고서를 꺼내 빈칸을 하나씩 채웠다. 안타깝게도, 내 개인 정보만을 필요로 하는 서류가 아니었다. 나와 남편의 주민등록번호,

심지어 양측 부모님의 주민등록번호까지 기재해야 했다. 의아했다. 혼인신고 할 때도 이런 걸 적었던가, 이혼할 때만 적는 건가. 이혼신고서 옆 칸에 있던 혼인신고서 양식을 훑어봤더니 역시나, 혼인신고서에도 부모님 주민등록번호를 적어야 했다. 결혼이란 두 집안의 결합임을 다시 한번 느꼈다.

내 부모님의 주민등록번호를 적어야 하는 자리는 깔끔했다. '사망' '사망' 네 글자를 적는 것으로 끝. 문제는 남편 부모님의 주민등록번호였다. 그런 걸 내가 알 리가 없었다. 아아, 또 연락해야 하나. 남편도 그런 걸 외울 리가 없을 터. 시어머니께 전화해서 '이혼신고서 작성에 필요하니 주민등록번호 좀 불러달라'고 해야 하나. 몹시 고민스러웠다.

그러던 중 옛날 옛적 연말 소득공제를 위해 핸드폰에 두 분의 주민등록번호를 저장해뒀던 기억이 떠올랐다. 너무 오래전 일이어서 설마 남아있을까, 싶었는데 과연 남아 있었다. 와, 세상에 그걸 떠올리다니. 기억력도 대단했지만, 언제 적 메모를 여태까지 지우지 않은 나의 게으름에 감탄하며 서류 빈칸을 채워갔다.

서류엔 '친권자 지정'란도 있었다. ① 부 ② 모 ③ 부모. 셋 중 하나를 선택하게 되어 있었기에, 나는 ② 네모 칸에 정성껏 브이 표를 그렸다. 그깟 브이 표가 뭐라고 대충 그어버리면 될 것 같았지만 '가벼운 마음으로 대충'이 어려웠다. 힘주어 꽈-악. 잘 키워볼게, 최선을 다할게, 노력할게, 다짐하듯이 브이 표를 그렸다.

서류를 접수하고 대기 의자에 앉아서 기다렸다. 별 탈 없기를 바라며, 직원이 일 처리 하는 것을 예의주시했다. 뭔가를 유심히 들여다보던 직원이 다급하게 손짓하며 나를 불렀다. 아아, 또 뭐란 말인가. 설마 항소 취하가 또 취하된 건 아니겠지. 두근두근 심장이 뛰었다.

창구 직원이 "저어…" 하며 망설였기에 나 역시 잔뜩 긴장해서 직원 입만 바라봤다. 별일 아니라고 말해. 제발.

"확정 날짜에서 한 달 지난 거… 알고 계시죠?"

"아… 소송이혼도 신고 기한이 있나요?"

"네. 소송이혼도 한 달 내에 신고하셔야 하는데, 기한을 넘기셔서…."

"그럼 어떻게 되나요?"

"기한을 넘기면 과태료가…."

과태료라는 말에 나도 모르게 실소를 터뜨렸다. 아아, 역시 절대로 곱게 보내주지 않겠다는 가정법원의 집념이 느껴졌다.

신고 기한이 있다는 걸 어디선가 주워들은 기억은 있었다. 협의이혼에만 해당하는 것으로 생각했는데 나 혼자만의 착각이었다. 직원의 설명에 따르면 소송이혼도 확정일로부터 한 달 이내에 구청에 신고해야 하고, 이후부터 과태료가 부과된다고 했다.

소송을 하고, 선고받고, 반드시 신고까지 해야 하는데 법원이 기한을 알려주질 않았네? 그러고는 과태료를 내라네? 1심 확정 날짜를 기준으로 한 달을 계산해 과태료를 부과하는 건, 정말 이상하긴 했다. 항소 중일 때 구청에 와서 이혼신고를 해야 한다는 건가. 어떻게 생각해도 말이 안 되는 상황이었지만 그런 걸 따지고 있을 만한 의지도 기력도 없었다. 그저 빨리 이 상황을 끝내고 싶었다.

과태료 32,000원을 현금으로 냈다. 직원은 받았고, 나는 물었다. "이제 끝난 건가요? 가도 되나요?" 구청 직원이 답했다. "네. 며칠 후에 신고 완료 연락이 갈 거예요."

며칠 후, 구청에서 카톡이 왔다. "가족관계신고가 처리되었습니다." 비로소 모든 과정이 끝난 듯했다. 처리되었다는 건 이 일이 종료되었음을 의미할 터. 나의 법적 남편은 드디어 사라졌고, 우리는 완벽한 '남'이 되었다.

소송기간 2년 1개월.

길고 긴 과정 끝에 마침내 나는, 대한민국 가정법원의 '허락'을 받은 한부모가정의 가장이 되었다.

'나 이혼할까?' 질문하는 그대에게

가끔 메일을 받았다.

소송 과정을 다룬 글을 2년 넘게 온라인에 쓰고 있었으므로, 그 걸 읽은 사람들이 메일을 보낸 것이었다. 다양한 사람들이 보내온 메일들. 그들은 약속이라도 한 것처럼 똑같은 질문을 했다.

"이혼소송 시작한 거, 후회하지 않으세요?"

그 질문을 받았을 당시 소송은 여전히 진행 중이어서 "제가 아 직 소송 중이라, 소송 끝나고 답해드릴게요." 할 수는 없었다. '이혼' 을 검색하고 내가 쓴 글을 발견하고, 읽고, 메일을 쓰기까지. 그들이 어떤 시간을 보내고 있는지 나는 알 수 없었다. 그저 쉽지 않은 시간 을 보내고 있으리라, 짐작할 뿐. 그런 사람들에게 내가 해줄 수 있는 건, 조금이라도 빨리 답장을 보내는 것뿐이었다.

그들의 질문이 비슷했듯, 내 답변도 늘 비슷했다. "아직 단 한 번도, 후회한 적은 없어요."

그 말은 사실이었다. 100% 진실만 담긴 말.

하지만 그런 답변을 보내면서도 늘 고민했다. 나의 대답이 그들의 삶에 '어떤 영향'이라도 미치게 될까 봐 두려웠다. 그럴 리야 없겠지만, '오오, 1도 후회 없대. 그럼 나도 해볼까?'라는 생각을 혹시라도, 누군가가 할까 봐 걱정스러웠다.

모든 걱정을 지우고 '내 상태'에 대해서만 말하자면, 이혼을 선택한 내 결정은 백번 옳았다. 나는 고통에서 해방되었고, 삶의 만족도도 점점 높아지고 있다. 앞으로 더 행복해질 거라는 확신도 있다.

그럼에도 나는, 누군가에게 이혼을 권하고 싶은 마음은 전혀 없다. 가까운 지인이 이혼하겠다고 하면 나는 최선을 다해서 뜯어말릴 생각이다. 이 행복을 나만 알고 싶고, 나만 누리고 싶은 욕심 같은 건 결코 아니다.

'이혼한 걸 후회하지 않느냐' 라는 말과 '남에게 이혼을 권할 수 있냐' 라는 말은 완전히 다른 의미다. 후회는 내 안의 감정을 묻는 것이지만, 권유는 타인의 삶을 송두리째 흔들 수도 있다.

이런 이유로 타인의 이혼을 반대하는 것도 있지만, 좀 더 현실적인 이유를 대자면 이혼, 특히 내가 '원고'가 되어 시작하는 소송이혼은 그 과정과 결과의 무게가 너무, 너무, 너무 무겁다.

아이 문제 앞에서는 한없이 작아지고, 사회적 시선이나 편견에도 맞서야 한다. 나만의 해답을 찾는 과정은 무척 험난하고 시간도 많이 필요했다.

나는 만족스러운데 남에게 '절대' 권할 수 없는 과정. 내가 겪은 이혼은 그랬다. 참 아이러니한 말이라는 걸 알지만, 이만큼 적확한 표현도 없으리라.

그러니, 아직 선택의 기로에 서 있다면 조금 더, 한 번 더, 마지막으로 한 번 더 고민해봤으면 좋겠다. 이토록 지난하고 험난한 과정을 겪으며 상처받고 다치는 사람이 없기를, 진심으로 바란다.